사랑은 왜 아플까?
La douleur d'aimer

사랑은 왜 아플까?

사랑과 고통의 정신분석

장-다비드 나지오 지음 | 표원경 옮김

La douleur d'aimer

La douleur d'aimer
by Juan-David Nasio

Copyright ⓒ 1996, Editions Payot & Rivages
ⓒ 2005, Editions Payot & Rivages

Translated by Pyo Won-Kyung
Korean Edition Copyright ⓒ 2017 by Handongnei, Korea

All rights reserved.

This Korean edition published by arrangement with Editions Payot & Rivages through Shinwon Agency Co., Seoul.

이 책은 『사랑과 고통에 관한 책 Livre de la Douleur et de l'amour』의 앞부분을 폭넓게 검토, 심화시켰다.

사랑은 기대이다. 그리고
고통은 그 기대가 뜻밖에,
갑자기 끊어질 때 생긴다.

차례

사례

　고통을 겪는 엄마, 클레망스 이야기 • 8

책머리에 • 15

❶ ― 심리적 고통은 사랑의 고통이다 • 27

　사랑할수록 아프다 • 32
　사랑하는 존재가 떠난다는 것 • 36
　아픈 것은 사랑하는 존재가 떠나서가 아니다. • 44
　다시 못 볼 줄 알면서도 더욱 더 사랑하기 때문이다
　사람을 되살리는 환각, 유령현상 • 47
　나에게 행복과 불행 모두를 주는 그 사람을 나는 사랑하고 또 애도한다 • 53
　우리는 무의식 속에 새겨진 사랑하는 사람의 환상을 사랑한다 • 60
　사랑하는 사람 • 67
　힘, 무의식 속에서 사랑하는 사람의 실재적 현존 • 71
　리듬, 무의식 속에서 사랑하는 사람의 상징적 현존 • 74
　내면의 거울, 무의식 속에서 사랑하는 사람의 상상적 현존 • 79
　고장 난 욕동에서 온 고통 • 87

　요약: 사랑은 왜 아플까? • 91

❷ ― 고통에 관한 작은 주제들 · 93

두 종류의 마음의 고통 · 95
마음의 고통은 어떻게 몸으로 느껴질까? · 97
고통의 진짜 원인은 이드 안에 있다 · 99
무의식의 고통 · 101
자잘한 외상과 무의식의 고통 · 102
우리가 사랑하는 타자는 누구인가? · 104
우리가 사랑하는 사람 · 105
내가 사랑하는 그 사람이 나의 경계이다 · 106
사랑하는 사람에 대한 나의 환상 · 108
고통은 돌이킬 수 없다는 확신이다 · 110
사랑하지만 죽은 사람을 대체할 수 없다고 여긴다 · 112
사랑과 고통 · 113
두 양식의 애도의 고통 · 115
애도는 사랑이 식는 과정이며, 애도의 고통은 사랑의 자극에서 온다 · 116
향수는 사랑과 고통, 그리고 주이상스의 혼합물이다 · 119
병리적 애도 · 120
"나는 고통이 멎는 것을 원치 않는다" · 121
불안은 상상적 결여의 반응이다 · 123

❸ ― 프랑수아즈 돌토의 몸의 무의식적 이미지 개념과 고통 · 125

사랑의 고통 관련 프로이트와 라캉의 문장들 · 191
사랑의 고통 관련 문헌선 · 214
주 · 222

사례

고통을 겪는 엄마, 클레망스 이야기

클레망스. 38세. 불임치료 중. 나는 그녀를 3년째 분석하고 있다.

"우리가 해냈어요!"라며 자신의 임신 소식을 알려주던 날의 기억이 아직도 생생하다. 그 말을 들을 때 나는 클레망스의 남편과 불임치료에 뛰어난 전문가였던 산부인과 의사가 생각났다. 그리고 나 또한 그녀가 임신할 수 있도록 가까이서 애썼던 여러 사람들 중 하나로서 그 기쁨을 함께 누렸다.

그 다음 몇 달 간 우리의 면담은 자연히 한 여자가 어머니가 되어가는 자신을 발견하는 특별한 시간에 대한 이야기로 채워졌다. 그리고 클레망스는 작고 예쁜 아기를 낳았다. 바로 그날, 그녀는 전화로 아들 로랑의 출생을 알려왔고, 몹시 기뻐했다. 나도 함께 기뻐하며 축하인사를 건넸다. 그런데 3일 후, 클레망스는 알아들을 수 없을 정도로 들릴 듯 말듯 기어들어가는 목소리로 내게 아이의 죽음을 알렸다. "오늘 아침 병원에서 아기가 죽었어요. 그런데 왜 죽었는지 병원에서도 알 수 없대요." 이런 무서운 말 앞에서, 무슨 말을 할 수 있을까? 나는 그저 "어떻게 이런 일이 생겼을까… 말도 안 돼…"라고 밖에 할 수 없었다.

그리고 한동안 나는 클레망스를 만날 수 없었다. 내게 그녀의 칩거는 당연했다. 오랜 경험을 통해, 나는 갑자기 일어난 힘겨운 상실 때문에 슬픔에 빠진 사람은 그 힘든 일 이전의 것, 즉 사라진 존재와 관련된 모든 것과의 재회를 완강하게 거부한다고 알고 있었기 때문이다. 나 역시 어쩔 수 없이 그녀의 임신을 위한 노력과 성공, 출생의 기쁨, 그리고 이해할 수 없는 그 가혹한 상실의 고통에 관련되어 있었고, 그래서 내 환자가 나와의 분석을 중단할 수 있겠다는 생각을 했다. 아마도 그녀는 시간이 흘러서 다른 장소, 다른 분석가와 새로운 분석을 다시 시작하기 위해, 지금 하고 있는 나와의 분석을 그만둘 것이다. 나 역시 그렇게 환경을 바꾸는 게 그녀에게 좋을 것이라고 생각했다. 그런데 상황은 내 생각과 다르게 흘러갔다.

그런 아픈 사건이 있은 지 얼마 되지 않은 어느 날, 클레망스는 다시 나를 찾아왔다. 혼자서는 거동도 할 수 없을 만큼 완전히 탈진한 그녀가 다른 사람의 부축을 받으며 대기실로 들어왔다. 그녀를 맞이하면서 나는 슬픔이 한 여인을 얼마나 바꿔놓을 수 있는지를 보았다. 여기저기 온갖 장면들 가운데 살아있는 아이를 느끼려고 했고, 아이의 이미지만을 붙들고 있는 그녀는 기운도 힘도 하나 없는, 그래서 도무지 살아있는 사람 같지 않았다. 그녀의 몸은 아픈 사람의 창백한 자아, 손에 잡힐 듯 생생한, 떠나고 없는 아이의 추억에 집착하는 허약한 자아를 완벽하게 재현하고 있었다. 그녀는 아이에 대한 생생한 추억과 함께 뇌리에서 떠나지 않는 의문들 – "무엇 때문에 아기가 죽었을까? 어떻게 죽었을까? 왜 내게 이런 일이 생겼을까?" – 로 한없이 괴로웠다.•

우리는 슬픔에 잠긴 사람이 통과하는 고통의 극한 상태 – 자아

• 로랑은 클레망스가 잠든 한밤중에 신생아실에서 죽었고, 다음 날 아침 산부인과 의사 – 그녀가 임신할 수 있게 해주었고 아이를 받아주었던 – 는 알 수 없는 원인으로 아이가 죽었다고만 했다. 그래서 클레망스와 그의 남편은 로랑이 왜 죽었는지 아직도 모른다.

사례 | 고통을 겪는 엄마, 클레망스 이야기
Clémence ou la traversée de la Douleur

에서 잘려나간 부분이 추억으로 응고되어 있는 이 혼합물 – 는 방어의 표현이고 혼신의 힘을 다한 생명의 표현이라고 생각한다. 그리고 이 고통이 광기에 대항하는 마지막 보루라고 생각한다. 실제로 인간의 감정 영역에서 마음의 고통 douleur psychique 은 최후의 감정, 곧 죽지 않기 위해 한껏 몸을 웅크린 절망한 자아의 마지막 경련이다. 로랑의 죽음 이후 클레망스는 내게 자주 자신이 미칠까봐 두렵다는 말을 했다. 그리고 어느 순간, 어쩌면 그녀는 정말 그랬을 수도 있다. 때로 깊은 슬픔에 잠긴 사람의 고뇌는 지나치게 뚜렷하고 선명해진 고인의 이미지를 생생한 환각으로 경험할 만큼 너무 집요하다.

내가 갖고 있는 고통에 관한 많은 지식 – 그 때 나는 이미 이 책을 쓰고 있었다 – 은 아픈 사고를 겪은 직후의 환자에게 받은 거친 충격으로 무용지물이 되었다. 그래서 우리의 유대관계도 함께 약해졌다. 클레망스는 슬픔으로 무너졌고, 나는 그 고통을 가늠하지 못했다. 그래서 나도 헤아려지지 않는 타자의 고통 때문에 혼란스러웠다. 따라서 나는 아무 말도 못하고 그저 그녀의 가슴 아픈 절규에 반응할 뿐이었다. 나는 고통은 그것을 듣고 있는 사람에게 퍼져간다고 믿는다. 처음에 나는 말이 없던 그녀 앞에 있는 유일한 사람으로 그녀가 전해주는 진한 괴로움을 맞아들여서 그것이 연해질 수 있도록 도와야 하는 사람이어야 했다. 이렇게 나는 말의 이면으로 배어들어갔고, 거기서 고통과 그것을 달래기에 적합한 말들을 할 수 있었다.

클레망스와 대면하던 처음 몇 달 동안, 정신분석가로서 나의 청취는 갈피를 잡지 못하고 비탄에 잠긴 그녀를 동행하는 정도였다. 내가 여기서 소개하고 싶은 면담은, 그 이후, 그녀가 카우치에 누워서 본격적으로 분석에 들어간 다음의 것이다.

클레망스는 가까운 친구와 이웃들이 하는 위로의 말을 듣기가 두렵다고 했다. 그들은 말했다. "너무 힘들어 하지 마! 아직 젊으니까 아기는 또 갖게 될 것이고, 새 아이가 생기면, 다 잊게 될거야." 이 어설픈 위로의 말들이 그녀는 화가 나서 견딜 수 없었다. 나는 그녀의 격한 반응이 이해되었다. 위로라고 한 그 말들은 실은 아이를 두 번 죽이는 것, 곧 망각과 삭제를 독려해서 현실뿐만 아니라 마음에서도 아이를 지우라는 것이기 때문

사례 | 고통을 겪는 엄마, 클레망스 이야기
Clémence ou la traversée de la Douleur

이다. 사람들의 위로에 반발하는 클레망스는 이렇게 외치는 것 같았다. "나도 내 아기가 죽었다는 것과 다시는 볼 수 없다는 것을 알고 있어요. 하지만 그 아이는 내 마음 속에 살아있어요. 그런데도 나보고 아이를 잊으라니요? 아기를 한 번 더 죽게 하라니요?" 아직 아기의 애도를 시작도 못한 클레망스에게 죽은 아기를 다른 아기로 대체해서 잊어보라는 권유는 폭력일 뿐이다. 그것은 죽은 아기의 이미지에 더 이상 애착하지 말 것을, 그의 상처를 치료할 수 있는 유일한 수단을 포기할 것을, 그래서 결국은 마음의 평형을 단념하라고 요구하는 것이었다. 잃어버린 존재의 이미지가 지워져서는 안 된다. 오히려 그것은 애도를 통해 슬픔에 빠진 사람이 잃어버린 존재에 대한 사랑과 새롭게 선택된 존재에 대한 같은 사랑을 공존시킬 수 있게 될 때까지 유지되어야만 한다. 이렇게 지나간 사랑과 새로운 사랑의 공존이 무의식 안에 자리 잡을 때, 우리는 애도^{deuil}의 진수가 시작되었음을 확신할 수 있다.

아기가 죽은 지 대략 8개월 가량 되었을 때, 더 이상 이론적인 검토를 하지 않던 나는 면담 중에 결정적인 개입을 하게 되었다. 그 때 클레망스는 카우치에 누워서 내게 막 삶의 재미를 되찾은 사람의 목소리로 말하는 중이었다. 온전히 청취에만 집중해 있던 나는 거의 나도 모르게 이런 말로 끼어들었다. "… 두 번째 아이, 그러니까 로랑의 동생이 태어난다면…" 내가 이 문장을 마치기도 전에 클레망스는 내 말을 끊고 놀라서 이렇게 외쳤다. "어쩌면, '로랑의 동생'이라니… 그 말 정말 좋아요. 한 줄기 빛을 본 것 같은 느낌이에요!" 그리고 나는 나의 환자에게 이런 말을 해 주었던 것도 생각난다. "로랑은 지금 자기가 있는 곳에서 언젠가 엄마가 만들어줄 동생들을 기다리며 기뻐할 거예요." 나는 정말 대단치도 않은 말로써 나의 애도 개념을 자연스럽게 표현할 수 있다는 점에 놀랐다. 그것은 슬픔에 잠긴 사람의 고통은 새로 선택된 살아 있는 사람에 대한 사랑이, 이제는 볼 수 없는 사람에 대한 사랑을 해치지 않음을 받아들일 때 진정된다는 것이다. 이제 클레망스가 낳을 새 아기는 고인이 된 언니의 자리를 절대 차지하지 못할 것이다. 새 아기는 자신의 욕망과 부모의 욕망, 그리고 그의 운명이 그에게 약속한 자신의 자리만을 가질 것이다. 당연히 로랑은 언제까지나 클레망스의 첫째 아이라는 누구도 대체할 수 없는 자리에 있게 될 것이다.[1]

책머리에

나는 이 책을 치료의 한 장면에서 시작하고 싶었다. 그래서 두 사람 – 쓰라리게 아파하는 사람과 그 고통을 이해해야 하는 사람 – 이 마주한 삶의 한 순간을 이이야기했다. 그 어머니는 아주 오랜 시간을 기다려 왔지만 그렇게 갑작스럽게 잃게 된 첫째 아기의 죽음에 짓눌려 있었다. 그리고 정신분석가는 그녀 혼자서는 어떤 의미도 줄 수 없었던 그 고통에 의미를 주고자 했다. 고통 자체는 어떤 가치도 의미도 없다. 그냥 살이나 돌덩이 같은 것이다. 그런 고통을 잠재우기 위해, 우리는 그것을 다른 표현으로써 받아들여야만 한다. 즉 상징으로 변형시키면서 실재^{réel}에서 그것을 떼어내야만 한다. 그 자체로 순수한 실재이자 난폭하고 가혹하며 낯선 정서인, 바로 그런 고통에 상징적인 가치를 부여하는 것은 결국 그것을 견딜만한 것으로 만들어주는 유일한 치료 행위이다. 따라서 정신분석가는 환자가 삭이지 못하는 고통을 이해해서, 그것을 상징화된 고통으로 변형시키는 중재자이다.

고통에 의미를 준다는 것과 그것을 상징화한다는 것은 무엇일까? 그것은 원인을 분석해 내는 것도 아니고, 아픈 사람을 위로하는 것도 아니며, 그의 성격을 단련시키는 교육적인 경험을 통해 그 고통을 통과하도록 돕는 것도 아니다. 정신분석가에게 고통에 의미를 부여한다는 것은 타자의 고통을 이해하기 위해 함께 느끼도록 애씀으로써 거기서 시간과 말이 그것을 삭히기를 기다린다는 것이다. 환자와 마찬가지로 온전한 고통이 된 분석가의 행위는 스텝을 잘못 밟아 넘어질 수 있는 파트너를 붙잡아서 다음 스텝을 밟을 수 있도록 원래의 리듬을 되찾아주는 무용수와도 같다. 헤아릴 수 없는 고통에 의미를 준다는 것, 그것은 결국 전이의 한 복판에 눈물과 말의 힘을 이용해서 고통에게 소리 지르며 울 수 있는 자리를 마련해주는 것이다.

책머리에 *Liminaire*

나는 이 책을 읽어 내려가는 여러분도 나와 같이 마음의 고통이 꼭 해로운 것만은 아님을 이해하기 바란다. 우리는 인생을 관통하고 있는 고통 때문에 성숙해지는 것 같다. 정신분석가는 분석의 전이라는 탁월한 돋보기로써 고통은 우리 존재 가운데 있는 시련 통과의 부인할 수 없는 표시임을 대단히 명료하게 밝혀냈다. 고통을 느낄 때, 우리는 그 시련의 문턱을 넘고 있는 중이며, 결정적인 시련을 통과하는 중이다. 어떤 시련일까? 그것은 되돌릴 수 없는 분리, 갑자기 우리를 떠남으로써 우리를 당황하게 하고 우리에게 재구조화를 요구하는 대상과의 분리이다. 마음의 고통은 분리의 고통이다. 그 분리가 우리와 깊이 밀착되어 있어서 우리 자신을 구성하는 관계에 있는 대상-사랑하는 사람, 물건이나 가치 또는 완벽한 신체-의 상실, 뿌리 뽑힘일 때 그렇다. 무의식은 우리의 실존을 아프게 하는 여러 분리들을 치밀하게 연결하고 있는 끈이다.

우리는 소중한 사람의 죽음으로 충격을 받을 때 우리에게 깊은 상처를 입힌 불행의 사례를 통해 고통을 분석할 것이다. 실제로 사랑하는 사람에 대한 **애도**는 정신적인 고통의 본질과 메커니즘을 이해하는 데 가장 본이 되는 시련이다. 그러나 우리는 그것을 정신적인 고통이 오로지 사랑하는 존재를 상실한 데서 오는 감정이라고 오해할 수도 있다. 그러나 그것은 사랑하는 사람이 우리에게 주었던 그의 사랑을 갑자기 거두어들일 때 느끼는 **버려짐**의 고통일 수 있고, 우리 자신의 사랑이 깊이 상처받을 때 생기는 **굴욕감**의 고통일 수 있으며, 우리 신체의 일부를 잃게 될 때 갖는 **훼손**의 고통일 수 있다. 이 모든 고통은 우리의 심리현상psychisme을 조화롭게 조정해 왔던 대상, 그래서 우리와 아주 뜨겁게, 그리고 아주 오랜 기간 결속 상태였던 대상과 갑작스럽게 결별하게 될 때 발생한다. 이러한 결속을 우리는 **사랑**이라 하고, 그래서 사랑의 바탕에 고통이 있을 수밖에 없다고 본다.

그러나 마음의 고통은 모호하고 정의하기 어려운 감정이며 이성을 벗어나기 때문에 거의 이해하기 어렵다. 그런 고통의 신비는 우리를 아프게 만드는 메커니즘에 관한 정확한 이론을 찾아보려 했지만, 우리는 이 영역에 관련된 분석 문헌이 얼마나 빈약한지를 확인할 뿐이었다. 프로이트와 라캉조차도 고통이라는 주제를 거의 다루지 않았고, 특히 그것만을 연구한 적도 없다. 여기서 나는 고통의 메타심리학을 소개할 것이다. 왜냐하면 메타심리학만이 심리적 고통에 접근해서 그것의 형성 메커니즘을 이론적으로 자세하게 설명할 수 있기 때문이다.

시작하기 전에 나는 몇 가지 전제조건들을 제안해서, 고통 - 몸이든 마음이든 상관없이 - 은 언제나 경계현상$^{phénomène\ de\ limite}$이라고 말해 두고 싶다. 그것은 언제나 경계 수준 - 신체와 심리, 혹은 자아와 타자, 특히 심리현상의 정상기능과 이상기능 사이의 분명치 않은 경계 - 에서 나타난다.

또 다른 주요 사항은 내가 몸의 고통과 마음의 고통을 구분하기 위해 사용하게 될 어휘와 관련된다. 나의 주제의 명확성을 위해 필요함에도 불구하고, 이 구분은 엄밀하게 이루어지고 있지 않다. 정신분석의 관점에서 몸이 아픈 것과 마음이 아픈 것 사이, 다시 말해서 몸이 아픈 데 속한 감정과 마음이 아픈 데 속한 감정은 서로 다르지 않다. 고통은 우리가 막 이야기했던 것처럼, 몸과 마음이 뒤섞인 경계에서 떠오른 현상이기 때문이다. 예를 들어서 당신이 신체의 고통을 연구한다면, 그것의 엄격한 신경생물학적 메커니즘을 제외하면, 아픈 감정은 어쩔 수 없이 심리구조의 장애로 설명되는 것을 확인하게 될 것이다. 고통은 단지 자극의 강도와 기간에서 비롯된다는 점을 기억하고 있자. 또한 프로이트가 그의 저작 초기에 그려놓았던 신체적 고통의 모델은 놀랍게도 우리의 심리적 고통의 개념을 명확하게 해주었다는 점도 덧붙여 둔다.

어휘와 관련해서 단어 '괴로움^{souffrance}'과 '고통^{douleur}' 사이의 차이를 분명히 해보자. 전통적으로 이 용어들이 서로 구분되는 방식은 다음과 같다. 신체적이든 심리적이든 고통이 그것을 일으킨 원인과 결부된다면, 괴로움은 대체로 난폭한 자극을 원인으로 한 보다 전반적인 교란을 가리킨다. 이렇게 고통이 잘 규정되고 규명된 감정인데 반해, 괴로움은 불충분하게 정의된 포괄적인 감정이 된다. 그래서 나는 보다 정확하고 엄밀한 단어인 '고통'을 중요하다고 보았고, 그래서 그것에 정신분석 개념으로서의 지위를 부여했다. 그리고 마음의 고통은 결국 사랑의 고통$^{la\ douleur\ d'aimer}$임을 보여주기 위해 동사 '사랑하다^{aimer}'를 덧붙였다.

마지막 전제. 우리의 접근 배경을 더욱 잘 설정하기 위해서, 나는 고통 전체를 세 개의 범주로 나누어 볼 것을 제안하려고 한다. 먼저 고통은 **감정**^affect, 그것도 최후의 감정^(ultime affect)으로 광기와 죽음에 맞서 싸우는 마지막 생명의 힘이다. 그것은 우리를 회복시키는 생명력과 힘을 보장하는 최후의 노력 같은 것이다. 아파하고 있는 한, 우리는 어려움과 싸우고 삶을 지속하는 데 사용할 힘이 있다. 우리가 이 책에서 연구하게 될 개념도 바로 이 감정으로서의 고통^(douleur-affect)이다.

두 번째 범주의 고통은 **증상**^(symptôme)으로, 이것은 무의식의 억압된 욕동의 외적이고 감각적인 표현으로 간주된다. 예를 들면, 무의식의 괴로움^(souffrance)이 신체적 고통으로 그 존재를 드러내는 경우이다. 나는 타자들 사이에서 이렇다 할 원인 없이 감정적인 상황의 정도에 따라 기복은 있어도 잘 떨어지지 않는 히스테리 환자의 두통을 생각한다. 물론 우리는 두통은 증상이며, 무의식 안에 억압된 흥분^(émoi)을 다르게 표현하는 고통의 감각이라고 할 것이다. 나는 이 감각들 안에 의학에서 규정한 모든 '심인성^(psychogènese)' 고통들을 포함시킨다. 만약 고통을 다룬 최근 의학 서적 중 하나를 열람해 보면, 당신은 거기서 반드시 아주 짧은 심인성 고통에 관한 일반적인 설명을 찾아볼 수 있다. 여기서 형용사 '심인성'은 무엇을 의미할까?

그것은 신체기관 상의 원인을 찾을 수 없어서 심리에 그 원인을 돌릴 수밖에 없는 다양한 신체적 고통을 가리킨다.

정신분석의 고통에 대한 세 번째이자 마지막 범주는 성적 도착^{perversion}에서 온다. 실제로 그것은 사도매저키즘의^{sadomasochiste} **성도착적 쾌락의 대상**으로서의 고통이 관련된다.

구체적으로, 우리는 다음과 같이 전개할 것이다. 책의 앞부분에서 우리는 사랑의 고통인 심리적 고통을, 뒷부분에서 신체적 고통을 다루면서 그것에 대한 정신분석의 개념을 전개할 것이다. 그리고 지금은 심리와 신체의 고통이 어떻게 생기는지 알아보기로 한다.

타자와의 관계단절이나 자기 이미지에 대한 상처, 혹은 신체 이미지의 훼손이 만든 심리적 고통도, 세포조직 손상으로 야기된 신체적 고통도, 고통은 한 순간에 형성된다. 그러나 아무리 순간적으로 형성된다고 해도, 거기에는 삼단계의 복합과정이 있다. 처음에는 **단절**^{rupture}에서 시작해서 **충격**^{commotion}으로 이어진다. 그리고 이 충격을 다루는 자아의 방어적인 **반응**^{reaction}에서 마지막 정점을 이룬다.

그리고 각 단계를 지배하는 고통은 저마다 특별한 양상을 갖는다.

따라서 고통에도 세 가지가 있다. 단절의 고통, 충격 상태가 갖는 고통, 그리고 충격에 대한 반응으로서 자아의 유연한 방어가 가져온 고통이 그것이다. 물론 이 세 개의 고통들은 한 순간에 형성된 하나의 고통의 다른 양상일 뿐이다.

우리는 심리적인 고통이나 신체적인 고통을 더 깊이 연구하기 위한 여정에서 **단절과 충격, 그리고 자아의 방어적인 반응**이라는 세 단계를 준수할 것이다.

지금부터 나는 고통에 대한 정신분석 이론의 주요한 전제를 살펴보도록 한다.

∴

우리의 전제:
고통은 무의식적인 긴장의 마지막 변주,
쾌락의 원칙을 벗어나는 변주가
의식에 반영된 감정이다

이 말은 무슨 뜻일까? 정신분석은 느껴지는 감정을, 욕동의 리듬에 따른 움직임이 의식에 나타난 것으로 본다. 의식 속 우리의 모든 감정은, 무의식 속 긴장 강도의 변화를 표현한다. 따라서 나는 아픈 감정은 무의식적 긴장의 규칙적인 진동이 아니라, 고장 난 박자의 욕동을 나타낸다고 가정한다. 그런데 욕동들은 어떤 경로를 통해 의식에서 느낄 수 있는 감정들이 될까? 그것이 바로 자아가 하는 일이다. 자아는 아주 예민하게 자신의 깊숙한 곳 - 이드의 중심 - 에 있는 내부 욕동들의 변화를 지각해서 감정의 형태로 의식의 표면에 전하는 데 성공한다. 따라서 자아는 내부 욕동의 언어

책머리에 *Liminaire*

를 읽고, 그것을 감정의 언어로 번역해서 밖으로 나오게 할 수 있는 통역자이다. 마치 자아는 욕동의 변화를 포착, 의식의 스크린에 감정의 형태로 포개놓기 위해 내부로 향하는 탐색기관을 가지고 있는 듯하다. 그리고 어지간한 정도의 변화는 의식 속의 쾌-불쾌의 감정으로 나타난다. 그러나 그것이 극단적이고 제멋대로 움직인다면, 고통이 된다.

대개 심리 기능은 욕동의 긴장 강도를 조절하고 그것을 견딜만한 것이 되게 하는 쾌락의 원칙의 지배를 받는다. 그러나 사랑하는 존재가 갑자기 떠나버리면, 긴장은 폭발하고 쾌락을 조절하는 원칙은 작동하지 않게 된다. 내면을 향해 있는 자아가 밀려오는 욕동의 규칙적인 변동을 지각한다면, 그것은 쾌와 불쾌의 감각으로 느껴진다. 그러나 자아가 자기 내면으로부터 제어할 수 없는 긴장의 대혼란을 감지했다면, 그것은 고통으로 느껴진다. 다시 말해서, 불쾌와 고통은 둘 다 편치 않은 감정의 변주에 있긴 해도, 우리는 그것을 명확하게 구분할 수 있다. **불쾌는 고통이 아니다.** 불쾌는 고양된 긴장을 자아가 조절할 수 있다고 자각해서 표현한 것이라면, 고통은 고장 난 긴장의 지각을 표현한다. **불쾌**^{déplaisir}는 고조된 욕동의 긴장이 의식에 반영된 감정이지만, 이때 고조된 긴장은 쾌락의 원칙에 지배를 받고 있다. 그러나 고통^{douleur}은 쾌락의 원칙에서 벗어나서 근원적으로 교란된 심리 생활을 나타낸다.

따라서 우리는 이 책을 통해 고통이 사랑하는 존재의 상실 때문이 아니라, 그 상실이 가져온 내면의 혼란을 자각하는 자아 때문에 생긴 감정임을 알게 될 것이다. 실제로 고통은 상실 때문이 아니라, 고장 난 욕동에서 비롯된 카오스에서 오는 고통이다. 요약하면, 아픈 감정은 욕동의 규칙적인 진동을 반영한 것이 아니라 고장 난 욕동의 혼란스러운 리듬을 반영하고 있다.

심리적 고통은
사랑의 고통이다

1

La douleur psychique
est une douleur d'aimer

심리적 고통은 사랑의 고통이다
La douleur psychique est une douleur d'aimer

우리는 3장에서 고통에 대한 다른 주장을 만날 것이다.

사랑의 고통은 타자와의 친밀한 관계의 손상이고, 당연히 함께 살 줄 알았던 것과의 갑작스러운 분리이다.

○

고통은 언제나 갑작스러운 결별에, 그것을 넘어서면 심리체계를 파괴하지 않고 무너져내리는 경계의 갑작스런 통과와 연관되어 있다.

다쳐서 몸이 아픈 것과 달리 마음이 아픈 것은 신체조직의 손상이 없다. 그 고통의 동기가 신체 안이 아니라, 서로 사랑하는 대상들 간의 관계 속에 있다. 그 원인이 자아의 화신인 몸 안에 있을 때, 우리는 그것을 몸의 고통이라고 한다. 그런데 그 원인이 신체 너머의 사랑의 관계라는 강력한 비물질적 공간 안에 있다면, 우리는 그것을 사랑의 고통이라고 한다. 이렇게 해서 우리는 사랑의 고통에 대한 첫 번째 정의에 다가갈 수 있다. **사랑의 고통은 우리가 사랑하는 존재와의 애착 관계가 갑자기 단절되어 생긴 감정이다.*** 이 난폭하고 갑작스러운 결별은 곧장 뿌리 뽑힌 영혼처럼, 깊게 베인 상처에서 뿜어져 나오는 소리 없는 울부짖음처럼 느껴지는 괴로움souffrance이 된다.

고통을 통과한 자아에는 여러 종류의 상태가 공존한다. • 충격을 **받은** 자아 • 자신의 충격을 **관찰하는** 자아 • 고통을 **느끼는** 자아 • 충격에 **반응하는** 자아

실제로 사랑하는 관계의 결별로 인한 충격은 신체에 대한 폭력적인 공격이 유발한 것과 비슷하다. 심리체계의 항상성은 깨어지고, 쾌락의 원칙은 무너진다. 그러나 자아는 자신이 받은 충

---

* 우리가 '사랑하는 사람aimé'이라고 쓴 그 사람에게 우리는 집착하게 되고, 그와의 분리를 아파한다. 그래서 그 사람은 우리를 사랑하고 미워하며 고뇌하게 한다.

격으로 인한 동요를 자각한다. 자아는 결별에 의해 자유롭게 된 고장 난 욕동들의 긴장을 내면에서 탐지한다. 이러한 카오스의 지각은 곧장 내면의 견디기 힘든 고통으로, 의식에서 생생하게 표출된다. 따라서 메타심리학적인 관점으로 본 사랑의 고통에 대한 두 번째 정의는 이렇다. **고통은 감정이다.** 그것은 신체적 고통의 경우처럼 자아의 신체 덮개^{enveloppe corporelle du moi}에 상처를 내는 공격^{effraction}에서가 아니라, 우리가 선택한 사람에게 집착하는 관계가 갑자기 단절되는 상처가 만든 욕동의 충격 상태(외상)를 지각-내면을 향한 지각-한 의식 속 자아가 표현하는 감정이다. 따라서 사랑의 고통은 외상의 고통이다.

사랑할수록 아프다

그가 나처럼 설레는 동안, 내 사랑 그 사람은 나의 고통을 막아준다. 그래서 그가 갑자기 없어진다거나 나를 향한 사랑을 거두어들인다면, 나는 오래도록 괴로워할 수밖에 없다.

그러나 무엇이 사랑의 관계를 망쳐서 그토록 자아를 아프게 하고, 또 고뇌 속에 빠뜨리는가? 프로이트는 주저하지 않고 답한다. 그것은 사랑하는 존재를 상실하거나 그의 사랑을 상실하는 것이라고. 우리는 덧붙인다. 그것은 갑자기, 그리고 다시 볼 수 없이 사랑하는 사람을 상실하는 것이라고. 그것은 우리와 가까

심리적 고통은 사랑의 고통이다
La douleur psychique est une douleur d'aimer

운 사람들 중 한 사람 - 부모나 배우자, 형제나 자매, 자녀나 좋아하는 친구 - 의 갑작스러운 죽음에서 생긴다. 프로이트가 죽기 몇 년 전부터 사용했던 '사랑하는 존재의 상실perte de l'être aimé'이라는 표현은 그의 주요 저서인 『억압과 증상, 불안Inhibition, symptôme et angoisse』과 『문명 속의 불안Malaise dans la civilisation』에서 쓰고 있다. 여기서는 후자의 책을 인용한다. "괴로움은 우리를 세 가지 측면에서 위협한다. 신체가 가진 노쇠해서 해체되는 운명의 측면 […], 우리를 끝까지 따라다니며 진을 빼는 거역할 수 없는 냉혹한 힘이 배치되어 있는 외부 세계의 측면에서 온다." 그리고 이 책의 관심사인 세 번째 위협은 "우리가 맺고 있는 인간관계에서 온다." 게다가 프로이트는 "아마도 우리는 관계에서 온 괴로움이 다른 데서 온 것보다 더 힘들 것"이라고 밝혔다. 따라서 그는 많은 공을 들여서 신체적 괴로움과 외부의 공격들을 피하는 여러 방식들을 검토한다. 그러나 타자와의 관계에서 생긴 괴로움에서 자신을 보호하는 방법에 접근할 때, 그가 찾은 대책은 어떤 것일까? 대단히 단순하고 분명한 대책은 가까운 사람에 대한 사랑이 된다. 실제로 불행으로부터 자신을 보호하기 위해, 개중에는 사랑을 중심에 놓는 삶의 개념을 적극 추천한다. 그리고 거기서 그들은 서로 사랑하는 데서 오는 완벽한 즐거움을 기대한다. 그것은 사실이고, 프로이트도 그것을 '우리 모두에게 아주 익숙한 심리적 태도'라고 했다. 타인과의 갈등을 피하기 위해 사랑하는 것보다 더 확실하고 자연스러운 것은 무엇일까? 아프지 않으려면 서로 사랑하고 또 사랑받으라. 그런데 기대와 다른 일이 일어난다. 여기 임상가로서 프로이트가 확인한 것이 있다. "사랑하고 있는 우리는 그만큼 고통에 노출되어 있다. 사랑하는 사람과 그의 사랑을 잃는 것보다 더 회복하기 어려운 불행도 없기 때문이다." 내가 이 문장을 탁월하다고 생각하는 것은, 사랑으로 극복할 수 없는 부조리를 분명하게 말하고 있기 때문이다. 인간 본성의 구조적 조건으로서, 사랑은 우리 괴로움의 선행 조건이다. 우리는 사랑할수록 아프다.

다른 저작, 『억압과 증상, 불안』에서 마음의 고통과 불안을 구분할 때, 프로이트는 '사랑하는 대상의 상실'이라는 같은 표현을 쓴다. 이 감정들은 어떻게 서로 구분될까? 그는 고통을 사랑하는 사람의 실질적 상실에 대한 반응으로, 불안을 그런 사람을 상실할 수도 있다는 위협에 대한 반응으로 보고 있다.

자아는 예전에 했던 아픈 경험이 다시 올까 두려워서 불안해진 것 같다. 향수가 지나가버린 즐거움과 고통에 대한 슬프면서도 편안한 추억이라면, 불안은 장차 올 고통에 대한 예감이다.

우리가 덧붙였던 것을 가지고 말한다면, 우리는 프로이트의 정의를 다듬어서 명확히 할 수 있다. 고통은 사랑하는 사람의 상실에서 비롯된 욕동의 충격에 대한 반응이라면, 불안은 상실 가능성이 가져온 충격의 위협에 대한 반응이다. 그러나 사랑하는 사람이나 그의 사랑을 갑자기 잃는 것이 정말 그렇게 아프다는 것을 어떻게 설명할 것인가? 그 사랑이 무엇이라서 타자가 떠나가면 충격과 고통이 생기는 것일까? 사랑의 관계가 무엇이라서 그 결별이 상처로 남을까? 상실은 무엇이고, 사랑의 고통은 무엇일까?

사랑하는 존재가 떠난다는 것

상실한 대상의 이미지, 즉 그의 '그림자'는 자아에게 달려들어 그것으로 그 일부를 덮는다.

잠시 우리의 대답을 보류하고 자아가 사랑하는 존재의 상실로 인해 생긴 충격에 반응하는 방식을 생각해 보기로 하자. 우리는 사랑의 고통을 자아가 상실에서 온 충격의 자각을 의식 속에서 변환한 감정이라고 정의했다. 따라서 우리는 그것을 외상적 고통으로 규정했다. 이제 우리는 거기다가 자아가 외상에 대항해서 자신을 방어하면서 생긴 고통을 보충한다. 더욱 정확하게 말하면, 충격을 받은 자아가 자신을 되찾기 위해서 싸울 때, 의식에서 자아의 방어반응으로 변환한 감정이 사랑의 고통이다. 이때의 반응이 고통이다.

〈그림 1〉 자아는 실제 상처를 치료할 수 없어서, 상처의 표상을 치료한다

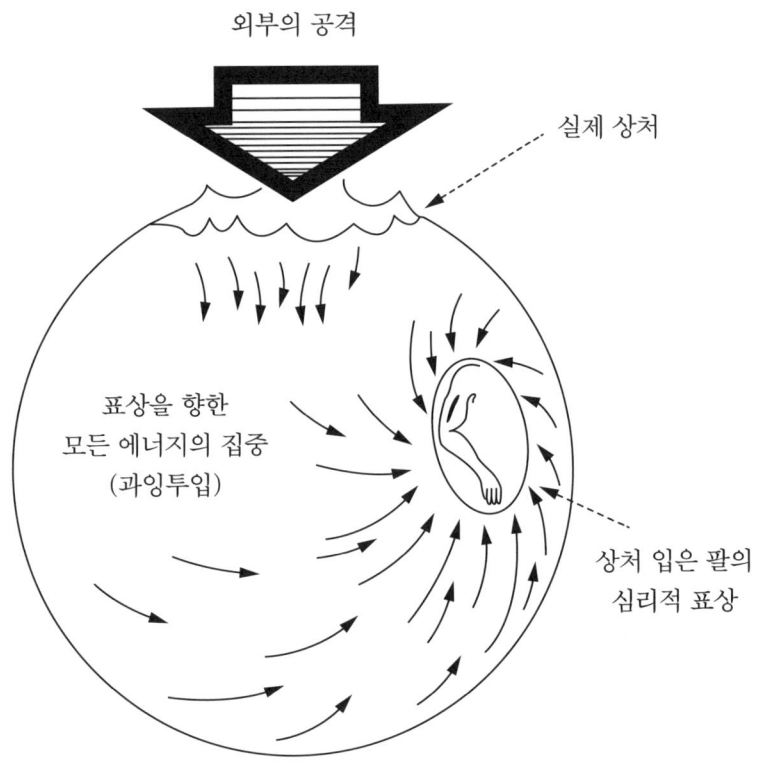

심리적 고통은 사랑의 고통이다
La douleur psychique est une douleur d'aimer

"[…] 심리현상 속 갈망은 비슷한 자극들을 흡인하는 효과가 있다. […] 이 갈망의 과정은 고통과 유사한 상처(내출혈)의 효과를 지닌다."

— 프로이트

○

마음의 고통 안에는 지금은 사라지고 없는 사랑하는 존재의 표상을 향한 에너지의 과도한 집중이 있다.

그러나 이 반응은 무엇일까? 사랑하는 대상의 상실이 가져온 욕동의 동요에 직면해서 자아는 당당히 맞선다. 그는 움직일 수 있는 힘이란 힘은 모두 동원 - 고갈될 각오를 하고 - 해서 이제는 떠나고 없는 사랑하는 사람의 심리적인 표상 하나에 온전히 집중시킨다. 그때부터 자아는 떠나간 사람에 대한 정신적인 이미지를 생생하게 간직하는 일에만 전념한다. 그것은 그의 이미지를 이상화함으로써 상실한 타자의 실제 부재를 보상하려는 것 같다. 따라서 자아는 거의 완벽하게 타자의 최고 이미지와 뒤섞인다. 그래서 없어진 사람의 허상을 사랑하고 때로는 미워하면서 살아간다. 그 허상은 자아의 모든 에너지를 자기를 향해 끌어당긴다. 그래서 사무치는 갈망을 감내하고 있는 자아는 생기와 외부 세계에 대한 관심을 잃게 된다. 실제로 모든 심리적인 에너지가 신체적 상처의 정신적 표상으로 집중될 때, 우리는 그것을 육체적 고통(반응하는 고통)의 발생 속에 개입하는 자아의 방어적인 경직과 같다고 본다 〈그림 1〉. 몸의 고통에 할애된 이 책 뒷부분에서 이 이론을 잘 설명하고 있다. 그리고 지금, 그 에너지는 아직 사랑하고 있는데 사라진 존재의 정신적인 표상으로 집중되어 흘러간다. 소중한 존재를 잃게 되면, 자아는 생기를 잃는 데 반해, 사라진 존재의 이미지는 여전히 생생하게 되는, 즉 자아와 이미지 사이의 격차 때문에 고통이 생긴다.

고통은 에너지가 갑자기 대량으로 이동하는 일이 생길 때마다 돌발한다. 따라서 자아의 투입중단도, 추억에 대한 과잉투입도 아프게 한다.

상실이 가져온 충격을 완화시키기 위해 자아는 두 개의 움직임으로 반응한다. 그의 모든 에너지의 급한 단절(투입중단 *désinvestissement*)

의 움직임, 그리고 사랑하는 사람의 세부 이미지에 모든 에너지의 집중(과잉투입^{surinvestissement})의 움직임. 따라서 정신적인 고통은 이중적인 방어 반응에서 온다. 자아는 단 하나의 표상에, 즉 더 이상 존재하지 않는 사랑하는 사람의 표상에 대량의 에너지를 투입하기 위해서 다른 표상들에 대한 거의 모든 에너지의 투입을 돌연 중단한다. 자아의 급한 단절은 하나의 지점으로 투입되는 것만큼 고통스러운 현상이다. 이 외상을 방어하는 두 개의 움직임에서 고통이 생긴다. 그러나 임상적으로 투입중단의 고통이 억압으로 마비되는 것 같은 형태라면, 과잉투입의 고통은 압박으로 가슴이 저며 오는 것 같은 형태이다. 따라서 마음의 고통을 다시 정의해 보면, 지금은 떠나고 없는 사랑하는 존재에의 추억에 완전히 몰입해서 필사적으로 집착하느라 고갈된 자아를 표현하는 감정이라고 할 수 있겠다. 의기소침과 사랑은 순수한 고통과 뒤섞인다.

여기서 주목해 둘 점은 사라진 사람에 대한 추억은 상당히 과대평가된 감정으로 강하게 충전되어 있어서, 자아의 일부를 집어삼킬 뿐 아니라 자아 속에서 낭종이 될 수밖에 없다는 것이다. 말하자면 자아에서 투입중단된 부분이 이물질로 남는다는 것이다. 여기서 우리가 애도작업을 생각해 보면, 그것의 완성은 자아의 방어적인 반응과는 반대되는 움직임을 따라가고 있음을 알게 될 것이다. 즉 방어적 반응이 사라진 사람의 표상에 과잉투입을 하는 것이라면, 애도작업은 그것에 대한 투입을 조금씩 거두어가는 것이다. 실제로 애도의 과정은 지금은 사라진 사랑하는 사람의 표상에 과잉투입된 감정을 조금씩 거두어들여서, 그것을 자아의 새로운 표상 망 전체와 공존할 수 있게 됨을 의미한다. 애도는 그 때까지 자아를 지배했고, 거기서 그것에게 이물질이었던 단 하나의 표상에 집중된 심리적 에너지를 아주 느리게 재분배하는 것이다.

비정상적인 애도는 죽은 타자의 심리적 편재偏在, omniprésence에 있다.

이제 우리는 투입중단 작업이 마무리되지 않는다면, 그래서 자아가 응고된 표상에 엉겨 붙은 채로 있다면, 애도는 수 년 동안, 어쩌면 평생 만성적인 슬픔에 빠진 상태로 지속될 수 있음

심리적 고통은 사랑의 고통이다
La douleur psychique est une douleur d'aimer

을 이해한다. 나는 아주 젊은 나이에 어머니를 잃고서, 미완성의 애도로 괴로워하는 분석주체^{analysant}가 고백한 말이 생각난다. "어머니의 일부가 필사적으로 내 속에 살아있어요. 그래서 나의 일부는 어머니와 함께 죽었습니다." 이 가혹한 통찰에서 나온 말은 만성적인 고통에 의해 뒤틀리고 뿌리 뽑힌 존재를 드러낸다. 여기서 나는 고통을 그린 화가인 프란시스 베이컨^{Francis Bacon}의 화폭에 있는 고통으로 일그러진 몸과 얼굴이 떠오른다.

∴

아픈 것은 사랑하는 존재가 떠나서가 아니다.
다시 못 볼 줄 알면서도 더욱 더 사랑하기 때문이다

눈 먼 사랑과 분명한 지식 사이에서, 나는 나의 고통을 진정시킬 불투명한 눈먼사랑을 택한다.

슬픔에 잠긴 자아는 두 개의 상태 사이에서 분열되어있다. 일부는 떠나간 사람의 이미지의 한 지점에 응집되어 거의 완전히 동일시되는가 하면, 다른 일부는 텅 비어서 생기를 잃는다. 뇌리에서 떠나지 않는 죽은 아기의 이미지에 사로잡혀서 기진맥진한 클레망스를 생각해 보자. 그것은 사랑의 고통이 가져온 또 다른 분열이다. 자아는 사라진 대상의 허상을 향한 어마

어마한 사랑과 그 대상의 돌이킬 수 없는 부재라는 엄연한 사실 사이에서 어쩔 줄 몰라 하고 있다. 그 분열은 더 이상 응집과 비어있음이 아니라 응집 – 이를테면 어떤 이미지로 가져간 과도한 사랑 – 과 상실의 돌이킬 수 없는 성격에 대한 예리한 인식 사이에 있다. 자아는 그 안에서 계속 살아있는 대상을 사랑하고, 그만큼 사랑했던 적이 없을 정도로 사랑한다. 그렇지만 그는 이 대상이 다시는 돌아올 수 없음도 알고 있다. 아픈 것은 우리가 사랑하는 존재를 잃어서가 아니다. 다시 못 볼 줄 알면서도 더욱 그를 사랑하기 때문이다. 아는 것과 사랑이 별개가 된다. 자아는 사라진 존재를 소생시키는 마음 속의 맹목적인 사랑과 부재의 결정적 확실성 사이에서 우왕좌왕한다. 자아 속 타자의 생생한 현존과 실제 부재 사이의 균열은 견딜 수 없는 것이어서, 우리가 우리의 사랑을 단절함으로써가 아니라 그 부재를 부인함으로써, 그래서 결핍의 현실에 반항하고, 다시는 사랑하는 사람을 보지 못한다는 현실을 인정하지 않음으로써 그 균열을 축소할 정도다.

슬픔에 잠긴 사람이 미친 것처럼 보일 만큼 그 운명에 대한 반항, 상실의 부정은 집요하다. 돌이킬 수 없는 상실의 사실을 미친 듯이 부인한다. 그러나 마찬가지로, 현실 속 부재의 엄연함이 고통을 가라앉힌다. 일단 반항의 순간들이 지나가면, 고통은 이전만큼 생생하게 재발한다. 소중한 존재의 돌연한 죽음 앞에서, 슬픔에 잠긴 사람이 고인과 연관된 장소와 표지를 찾기 시작하거나, 이론적으로는 있을 수 없는 일임을 잘 알고 있음에도 불구하고, 다시 살아난 그와 다시 만날 수 있다고 상상하는 일은 흔하다. 나는 계단을 올라가는 죽은 남편의 발소리를 들었다고 했던 환자를 알고 있다. 최근에 죽은 아들이 책상에 앉아있는 것을 분명히 보았다는 어머니도 알고 있다. 고인의 귀환을 너무도 분명하게 경험하는 환각 앞에서, 슬픔에 잠긴 사람은 자신의 고통을 말도 안 되는 확신으로 변형시킨다. 이렇게 우리는 이성을 능가하는 사랑의 힘이 새로운 현실, 즉 사라진 사람이 유령^{fantome} 형태로 되돌아오는 새로운 환각 현실을 창조할 수 있음을 알게 되었다.

심리적 고통은 사랑의 고통이다
La douleur psychique est une douleur d'aimer

사람을 되살리는 환각, 유령현상

자아에게 사랑하는 사람은 자신의 팔이나 다리만큼 꼭 필요하다. 그가 떠나고 없는 것이 너무도 싫어서, 자아는 환각의 형태로 사랑하는 사람을 되살린다.

신경학자들에게 잘 알려진 **환상통**(membre fantôme)의 현상에서 영감을 받은 우리는 슬픔에 잠긴 사람의 환각을 '사랑하는 사람의 유령(fantôme) 현상'이라고 부른다. 그렇다면 수식어 '유령(의)'는 무엇을 설명할까? 일단 환상통은 환각으로, 팔이나 다리가 절단된 사람에게 있는 장애이다. 그 사람은 그에게서 떨어져 나간

팔과 다리를 그 자리에 여전히 있는 것처럼 생생한 감각으로 느낀다. 마찬가지로 슬픔에 잠긴 사람도 고인의 생생한 현존을 절대적인 확신과 완벽한 감각으로 인지할 수 있다. 아주 다른 성격의 두 개의 상실 – 팔을 잃거나 사랑하는 존재를 잃거나 – 이 갖는 놀라운 유사성을 이해하기 위해서, 우리는 다음과 같은 가정을 세운다. 먼저 자아는 무수히 많은 이미지들로 합성된 심리적 거울로 기능하고, 각각의 이미지는 우리가 정서적으로 집착하고 있는 신체의 어떤 부분, 존재나 사물의 어떤 면들을 각각 비추고 있다. 예를 들어 우리가 팔이 없어지거나 소중한 존재가 떠나갔을 때, 그 잃어버린 대상의 심리적 이미지(표상이나 추억)에는 보상작용으로 인한 아주 강한 감정의 과잉투입이 일어난다. 그리고 우리는 이미지에 대한 감정적 과잉투입에서 고통이 생긴다고 알고 있다. 그러나 이 최고 수준의 과잉투입은 고통과는 다른 것, 곧 잃어버린 대상에 대한 환각(hallucination)을 만들어 낼 것이다. 실제로 절단된 팔을 환각하거나 죽은 남편의 유령을 환각하는 것은 모두 자아 밖으로 추방될 수밖에 없는 사라진 대상의 이미지에 대한 엄청난 과잉투입으로 설명될 것이다. 표상이 유령의 형태로 다시 나타나는 것은 다름 아닌 자아의 바깥, 곧 현실 속이다. 따라서 우리는 표상이 쫓겨났다$^{\text{être forclose}}$고, 말하자면 과잉충전되어 자아에서 추방된 다음 환각이 되었다고 말하게 될 것이다. 따라서 환상통의 현상도, 사랑하는 사람의 유령 현상도 더 이상 사랑하는 대상의 상실 – 절단된 팔이나 사라진 존재 – 을 단순하게 부정하는 것이 아니라, 앞서 말한 대상의 정신적 표상을 폐제하는 것으로 설명된다 〈그림 2〉.

▦ 〈그림 2〉 '환상통'의 현상과 내가 '유령이 된 사랑하는 사람'이라고 말한 현상에 대한 설명

절단된 팔의 심리적 이미지는 자아 밖으로 던져져서 환각된 팔로 주체가 지각할 수 있을 정도로 에너지가 과잉투입된다. 그것의 추방은 심리현상 안에 갈망의 구멍을 남기고, 그곳을 통해 자아의 에너지는 고갈될 때까지 빠져나간다. 우리는 잃어버린 대상의 이미지 추방과 현실 속에 다시 나타나는 메커니즘이 환상통을 설명한다고 생각한다. 폐제와 다르지 않은 이 메커니즘은 고인을 환각하고 마치 여전히 살아있는 사람처럼 보는 슬픔에 잠긴 사람들의 어려움도 설명한다. 우리는 이 현상을 사랑하는 사람을 유령으로 환각하고 있다고 말한다. 이 두 경우에, 잃어버린 대상 – 절단된 팔이나 죽은 사람 – 은 자아를 위해 건재한다.

심리적 고통은 사랑의 고통이다
La douleur psychique est une douleur d'aimer

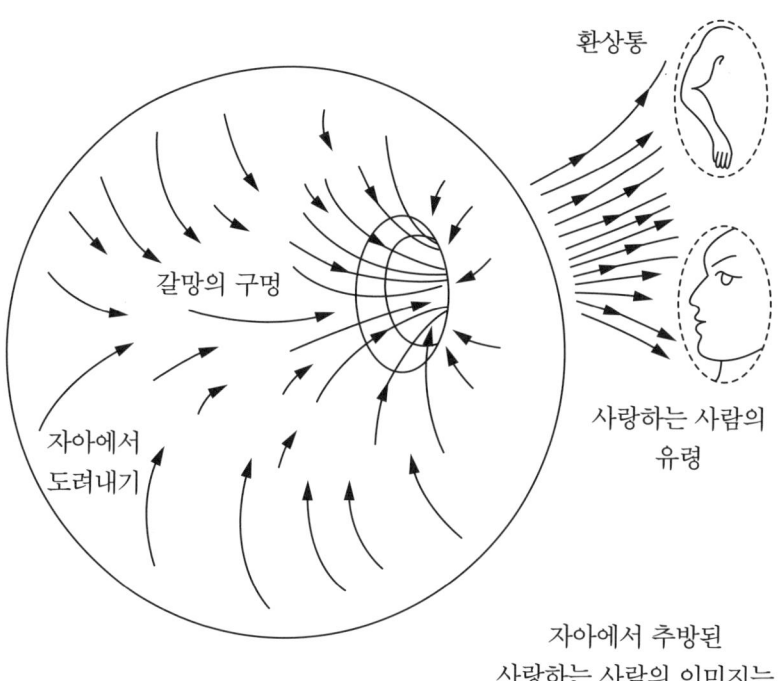

자아에서 추방된
사랑하는 사람의 이미지는
환각의 형태로 되돌아온다

이 두 개의 환각 사이에는 놀라운 유사성이 있다. 그것은 사랑하는 사람이 정말로 다리나 팔이 될 수 있을 만큼 없어서는 안 되는 자아의 내부 기관임을 보여준다는 점이다. 환각은 꼭 필요해서 없어지면 심리현상이 고장 나는 것에서 생긴다. 여기서, 주요한 질문 하나가 떠오른다. 어떤 것이 우리에게 꼭 필요한 것일까?

이제 만약 사라진 누군가를 꼭 애도해야만 한다면, 그 대상이 되는 사랑하는 사람이 우리에게 어떤 존재인지에 대한 우리의 질문을 다시 생각해야 할 때가 되었다. 사랑하는 모든 것 중에서 대체할 수 없는 것은 무엇이며, 잃어버린 것 중에서 고통을 가져오는 귀한 존재는 어떤 존재일까? 내게 선택되어서 나를 나로 만들어 주고, 그가 없다면 나는 더 이상 내가 아니게 되는 사람은 누구일까? 나의 심리현상 속 어느 위치에 있어야 그는 내게 없어서는 안 되는 존재가 될까? 그에게서 떨어지지 못하는 나와 그 사이의 관계를 어떻게 규정할까? 우리는 이 모든 질문을 가지고 선택된 타자와 우리를 연결하는 사랑의 관계, 그 신비한 관계의 참 모습을 그려낼 것이다. 그리고 이 질문에 대한 답변이 고통의 정의도 새롭게 내려 줄 것이다.

심리적 고통은 사랑의 고통이다
La douleur psychique est une douleur d'aimer

∴

나에게 행복과 불행 모두를 주는
그 사람을 나는 사랑하고 또 애도한다

내가 누구를 선택하는지, 내 무의식 속 그의 역할이 무엇인지, 그래서 그가 떠나고 없으면 나는 아파할 것인지를 알기 위해, 우리는 잠시 심리체계systéme psychique의 일반적인 기능을 고려할 필요가 있다. 우리는 특별한 각도로 그것에 접근할 것이다. 이미 우리는 이 체계가 쾌/불쾌 원리의 지배를 받고 있으며, 따라서 심리현상psychisme은 결코 완벽하게 해소되지 못한 긴장 아래 있다고 했다. 따라서 영원한 긴장 상태를 '불쾌'라고 한다면, 부분적이고 불완전한 긴장의 해소를 '쾌락', 즉 부분적 쾌락이라고 한다. 따라서 정상적인 기능 속에서 심리현상은 어쩔 수 없이 불쾌, 곧 기분을 나쁘게 하는 긴장 아래 놓여있다. 왜냐하면 거기에는 절대 완벽한 해소가 없기 때문이다. 이번에는 사용하는 단어를 '긴장'과 '불쾌' 대신, '욕망^{désir}'으로 바꿔서 표현해보자. 욕망은 해소되지 못한 불쾌의 순간에, 완전한 해소의 절대 쾌락에 이른다는 이상적 목표를 향해 온전하게 집중된 뜨거운 긴장이 아니라면 무엇일까? 따라서 무의식 체계의 일상은 완벽하게 욕망을 성취하지는 못해도,[2] 그 불완전한 정도가 견딜만 하다고 하겠다. 그래서 심리적 긴장이 여전히 팽팽해서 힘들다거나, 불쾌가 지배한다거나, 또는 우리 욕망이 만족되지 않은 채로 남아있다거나 하는 주장은 결코 인간에 대한 비관적인 시각을 표현하고 있는 것은 아니다. 오히려, 이러한 주장은 살아 있는 동안의 결핍^{manque} 상태가 행복이라고 선언하는 것과 같다. 결핍은 욕망의 자극제로서 생명과 동의어이기 때문이다.

만약 우리가 욕망을 부추기는 불만족 부분을 공간적인 방식으로 생각한다고 해도, 그것은 충만한 주이상스^{jouissance}라는 가능하지 않은 목적지에 도달하기 위한 여정의 한 구간이 아니다. 그렇다. 불만족은 절대 만족을 향한 욕망 여정 속 미완성 구간이 아니다. 즉 나는 지금 당신에게 불만족의 의미를 묻고 있다. 그래서 제안하는데, 그것을 뚫려있는 구멍의 형태로 상상해보라는 것이다. 우리 존재의 한 복판에 구멍이 뚫려있고, 욕망은 그 주위를 돌고 있다. 빈 공간vide이 우리 앞이 아니라 우리 안에 있다. 욕망은 목적지를 향해 직선 방향으로 움직이지 않는다. 그것은 욕망 순환의 움직임을 유인하고 자극하는 중심의 빈 공간 주변을 소용돌이 모양으로 돈다. 우리의 욕망이 충족되지 않는다고 말하는 것을 공간적으로 말하면, 욕망의 흐름은 결여를 채우기 위해 소용돌이 모양으로 움직인다고 하겠다.

우리는 결핍이 욕망을 갈망하는 구멍이면서, 욕망을 조직하는 중심축임을 알고 있다. 결핍이 없다면, 곧 중심에서 끌어당기는 불만족이 없다면, 힘차게 소용돌이치는 욕망은 고장 난 것처럼 움직이고, 그래서 고통만 남게 된다. 불만족이 견딜만한 정도로 느껴질 때, 욕망은 활발히 움직이고 심리현상은 안정되지만, 만족이 너무 과하거나 불만족이 너무 크다면, 욕망은 중심을 잃고 고통이 찾아온다. 우리는 여기서 고통이 이드Ça 영역 속 욕동의 동요를 표현한다는 가정을 다시 확인한다.

어느 정도의 불만족은 우리의 심리적 일관성을 유지하는데 꼭 필요하다. 그러면 어떻게 꼭 필요한 정도로 결핍을 유지할까? 또 어떻게 이 꼭 필요한 결핍을 견딜만한 정도로 유지할까? 바로 거기서 우리의 상대 – 사랑하는 사람 – 가 활동한다. 왜냐하면 그 사람이야말로 욕망을 불충분하게 만족시켜주는 대상으로, 욕망을 조직하는 중심축 역할을 하기 때문이다. 내 안의 불만족 구멍이 밖에 있는 사랑하는 사람으로 채워지는 것이다. 그래서 결핍은 결국 잇달아 오는 외부의 소중한 사람이나 사물로 채워지는 구멍과도 같다. 그래서 그러한 사람이나 사물이 사라지면, 우리는 대체할 수 없다고 여기고, 애도하게 된다.

우리가 선택한 사람은 우리에게 없어서는 안 되는 사람이다. 왜냐하면 우리에게 꼭 필요한 불충분한 만족을 보장하기 때문이다.

그러나 나의 상대가 만족을 제한하는 거세 기능이 있음을 어떻게 받아들일까? 사랑하는 사람의 제약된 역할이 우리를 좌절시킬 수 있는 것은 분명하다. 왜냐하면 우리는 보통 사랑하는 사람이 우리 욕망을 충족시켜서 우리를 만족시켜주는 힘이 있다고 생각하기 때문이다. 우리는 우리가 준만큼 그도 우리에게 줄 것이라는, 어느 정도 맞기는 한 망상 속에 살고 있다. 그러나 우리의 무의식 속에서 그가 하는 기능은 전혀 다르다. 우리가 심리적으로 꿋꿋해 질 수 있던 것은 그가 우리에게 준 만족 때문이 아니라 불만족 때문이다. 우리의 상대, 곧 우리가 사랑하는 사람은 우리를 만족시키지 못한다. 왜냐하면 그가 우리의 욕망을 자극하기 때문이기도 하지만, 우리에게 충만한 만족을 주려고 하지도 않았기 때문이다. 인간이므로 할 수 없고, 신경증이므로 그러고 싶지 않았다. 그는 그냥 나의 욕망을 자극하지만, 부분적으로만 충족시키는 그냥 그런 대상이다. 그는 나를 자극하고, 내게 부분적 주이상스 jouissance 를 가져다주었다. 그래서 나를 만족시키지 않았다. 이렇게 그는 내가 사는데 필요한 불만족을 보장해서 내 욕망에 다시 중심을 잡아준다.

그러나 사랑하는 상대 말고, 내 욕망의 중심을 다시 잡아주는 기능을 할 수 있는 다른 대상들이 있을까? 물론이다. 사랑 자체로서의 대상이나 나의 상대가 내게 보낸 것, 아니면 나 자신의 이미지, 명예라든가 사회적 지위 같은 다른 사람들의 인정으로 길러진 내 이미지에 대한 사랑이 있다. 또 선택된 다른 대상, 즉 욕망의 다른 대상에 그 무엇보다도 소중히 지켜낸 신체적인 완벽도 있다. 다른 욕망의 대상에는 우리의 고향이나 집과 같은 물질적인 것도 있다. 선택된 대상들은 모두 그들이 무의식 속에 얼마나 잘 정박하고 있는지를 알아차리지 못하고 살아갈 정도로 대단히 내밀하고 친밀하게 자체적으로 우리 욕망의 움직임을 조직하고 있다. 우리가 그것들을 잃는다는 협박을 받거나 잃고 난 다음에 비로소, 그들의 부재는 그들이 얼마나 깊숙이 들어와 있는지를 고통을 통해 드러낸다. 우리는 사라진 존재나 물건, 혹은 가치 등이 우리가 선택했던 것인지 아닌지를 그들이 없어지고 난 다음에야 알게 된다.

자아의 조직 안에 불안이 있다면, 이드의 조직 안에 고통이 있다.

사실, 불안은 대체불가로 여겼던 대상들 중 하나를 잃게 된다는 위협이 느껴질 때 생긴다. 그런데 사전 위협 없이 이 대상들 중 하나가 갑자기 사라진다면, 고통이 생길 수밖에 없다. 그리고 고통은 이드에서 나온다. 만약 사랑하는 사람이 갑자기 사라지면(애도), 그의 사랑을 잃으면(버려짐), 나 자신의 이미지에게 보낸 사랑을 잃으면(굴욕), 내 신체의 완벽함을 잃으면(훼손), 나는 이드 속에서 신음하게 될 것이다. 마음의 고통을 일으키는 갑작스러운 네 개의 상실을 애도, 버려짐, 굴욕, 훼손이라고 한다.

그러나 욕망의 대상은 사랑하는 사람이고, 그 사람의 상실이 애도의 고통을 가져온다는 예시된 사례를 가지고 계속해보자. 사랑하는 사람의 상실에서, 우리는 무엇을 잃는가? 더 간단히 우리는 누구를 사랑하는가?

∷

우리는 무의식 속에 새겨진
사랑하는 사람의 환상을 사랑한다

누군가 내게 왜 내가 그를 사랑했는지를 묻는다면, "그였기 때문이고 나였기 때문이다"라는 말 밖에 할 수 없다.

— 몽테뉴^{Montaigne}

몽테뉴의 이 문장은 그의 가장 소중했던 친구인 라 보에티^{La Boétie}가 죽고 나서 얼마 되지 않아 쓴 우정에 관한 대단히 아름다운 텍스트에 있다. 그의 영혼을 품었던 많은 우정들 속에서, 그는 라 보에티와의 우정을 유일하게 변치 않는 것으로 보았다. 흔들리지 않는 우정은 서로 간의 차이에서 오는 모든 상처들을 지워갔다. 그래서 최근에 작고한 친구에게 어떻게 그러한 사랑을 갖게 되었는가에 답하면서, 몽테뉴는 아름다움과 신중함의 감동이 있는 이 문장을 썼다. "왜 나는 그를 사랑했는가? 왜냐하면 그였기 때문이고 나였기 때문이다." 사랑은 이렇게 설명은 못해도 확인은 가능한 이해할 수 없는 신비이다.

다른 작가도 사랑의 수수께끼 앞에서 비슷하게 신중한 태도를 취한다. 실제로 프로이트는 『애도와 우울감 Deuil et mélancolie』에서 죽음을 말하면서 사랑을 말한다. 그는 슬픔에 잠긴 사람은 사랑하고 있지만 지금은 죽고 없는 사람의 진짜 가치를 모른다고 지적한다. "슬픔에 잠긴 사람은 누구를 잃었는지 알고 있지만, 사랑한 사람을 잃으면서 정작 그가 잃은 것이 무엇인지 알지 못한다." 바로 이 비인격적인 '무엇'을 가지고 프로이트는 우리가 가장 사랑한 존재는 우선 어느 정도 심리적 인물이고, 이 가상virtuel의 인물은 살아있는 구체적인 인물과 얼마간 다르다는 점을 강조한다. 물론 사랑하는 존재는 틀림없이 사람이지만, 그것은 그 인물이 없어지면서 무너져 내린 우리 자신의 무의식적이고 알려지지 않은 부분이다. 좀 더 나중에 라캉은 사랑하는 관계의 신비에 직면해서 '오브제 프티 아$^{objet\ a}$'를 고안해 낸다. 그는 바로 이 '오브제 프티 아$^{objet\ a}$'로써 그 신비를 풀지 않고 상징한다. 우리가 파악할 수 없는 사랑하는 사람이 있다면, 그 심리적 사본은 그가 우리를 완전히 떠날 때 명확해진다. 결국 이 '프티 아'는 우리가 사랑하는 사람의 파악되지 못한 부분을 가리키는 명칭이다.

> 환상, 그것은 무의식 속에 있는 내가 사랑하는 사람의 실재와 상징, 상상의 존재로서, 욕망의 힘의 세기를 조종하는 기능을 한다.

여기 불가피하지만 해결할 수 없는 결정적인 질문이 있다. 우리가 사랑하는 존재를 상실하면서 잃는 그 '무엇'의 구성요소는 무엇인가? 무엇이 두 사람을 결합시키는가? 두 사람을 연결하고 있는 무엇이, 둘 중 하나가 갑자기 사라진 다른 하나로 인해 아주 심한 고통을 느끼게 하는가? 물론 눈에 보이는 이 문제들은 고통에 관한 것이 아니라 사랑에 관한 것이다. 그런데 사랑의 성격을 아주 잘 밝히면 고통에 대한 새로운 정신분석적

정의에도 이를 수 있기 때문에, 지금 우리는 사랑이 궁금하다. 왜 그사람이 내가 사랑하는 사람, 대체불가의 유일한 존재가 되는 것일까? 그는 자아 앞에 있는 살아있는 존재면서 동시에 자아에 새겨진 그에 대한 내부 사본이 혼합되어 만들어진 존재이다.

어떻게 그 존재가 내가 선택한 사람이 되는가를 제대로 이해하기 위해서, 외부 타자가 내부 사본으로 변형되는 사랑의 과정을 두 단계로 나누어 보자.

- 우리를 유혹하는 사람, 즉 우리의 욕망을 깨워서 끌어당기는 그 사람을 상상해보자.
- 그리고 서서히 우리는 그 사람을 우리 자신의 일부로 만들어서 하나가 되기까지 집착한다. 조금씩 바위를 덮는 담쟁이처럼, 우리는 하나하나가 사랑이나 미움, 불안을 싣고서 포개진 이미지들의 무리로 그 사람을 감싼다. 또 우리는 하나하나가 우리를 표시했던 그 무리의 어떤 면과 결부된 상징적 표상을 매개로 그 사람을 무의식적으로 고정시킨다.[3] 거침

없이 밀고 나오는 욕망의 수액을 먹고 자라는 나의 심리현상 속에서 싹튼 이 모든 담쟁이, 살아있는 사랑하는 사람을 내면의 사본으로 변형시키기까지 내 존재와 연결하는 이미지와 시니피앙들의 집합을 우리는 '환상fantasme', 곧 선택된 사람에 대한 환상이라고 부른다. 나는 '환상'을 몽상rêverie이나 이미지로 의식화된 각본이라는 애매한 개념과 연관된 모호한 단어라고 생각한다. 그러나 우리가 여기서 고통을 좀 더 제대로 이해하기 위해 전개할 정신분석의 환상은 아주 명료한 개념이다. 우리는 주체와 살아있는 선택된 사람과의 무의식적인 용접을 환상이라고 한다. 무의식적으로 작동된 이 용접은 나의 사랑을 받고 있는 사람이 내게 불러일으킨, 그리고 내가 그에게 불러일으킨, 그래서 우리를 서로 연결하는 실재 욕망의 힘에 의해 생기를 부여받은 이미지와 시니피앙의 혼합물이다.

그러나 욕망의 충동이 가져온 것이기는 하지만, 사랑하는 사람에 대한 환상은 욕망을 완화시키는 기능을 한다. 사랑하는 사람에 대한 환상은 충동과 같은 것을 억제하고, 그것의 폭주를

막음으로써 욕망을 부분적으로 만족시킨다. 이제부터 우리는 불만족을 배정하고 있는 환상이 무의식 체계의 항상성을 보장한다고 할 수 있게 되었다. 그래서 우리는 사랑하는 사람 자체가 주는 보호기능은 실제로는 사랑하는 사람의 **환상**이 주는 보호기능이라는 좀 더 정확한 이해를 갖게 되었다. 환상은 거대한 욕망의 소용돌이, 혹은 그러한 욕동의 카오스가 의미하게 될 위험으로부터 우리를 지켜주는 보호자이다.

간단하게 사랑하는 사람은 우리의 욕망을 견딜만한 선에서 만족시켜주지 않음으로써, 우리 욕망의 중심을 다시 잡아주는 내부의 사본이 되는 환상으로 살고자 외부의 심급이 되는 것을 포기한다. 우리가 가장 사랑하는 사람은 어쩔 수 없이 우리를 가장 만족시키지 않는 사람이다. 욕망이 충족되지 않는 것은 사랑하는 두 사람의 일상의 현실에서 타인에게 이끌리는 것으로, 상대를 불만스러워하는 것으로 나타난다.

따라서 선택된 사람은 이중으로 존재한다. 그는 외부 세계에 속한 살아있는 사람이면서, 우리 내부에서는 환상이 되어 거역할 수 없는 욕망의 흐름과 무의식적 질서를 조직하는 - 상상과 상징, 실재의 - 존재가 된다. 우리의 모든 행동과 대부분의 판단, 그리고 우리가 사랑하는 사람에 대해 느끼는 감정들 전체는 전적으로 환상에 의해 결정되기 때문에, 살아있는 존재보다 환상이 된 존재가 더 우월하다. 우리는 왜곡하는 환상의 돋보기를 통해서 선택된 현실을 포착한다. 우리는 그의 이미지와 우리 자신 이미지의 복합적인 융합으로 탄생된 이미지의 베일을 통해 보고 듣고 느끼고 접촉한다. 그리고 우리 사랑의 틀을 정하는 무의식의 상징적인 표상들이 그 베일을 짠다.

심리적 고통은 사랑의 고통이다
La douleur psychique est une douleur d'aimer

사랑하는 사람

사랑하는 사람은 나의 욕망을 위해 흥분을 전파시키는 살아있는 몸인 동시에, 나의 무의식 안에 흔적을 남기는 난해한 존재이다.

우리는 무의식 속에서 환상이 된 선택된 사람의 실재적이고 상징적인, 그리고 상상적인 존재 양식을 설명할 것이다. 그러나 그 전에, 우리가 선택한 외부 존재를 가리키기 위해 사용했던 표현, '사랑하는 사람personne de l'aimé'의 의미를 확실하게 해 두자. 환상이 된 타자의 존재가 외부 세계에 살아있는 그의 존재보다 더 중요한 게 사실이기는 해도, 전자는 후자에게서 영양을

취하기 때문에, 나의 무의식의 환상도 타자가 살아있을 때에만 펼쳐질 수 있다. 실제로 선택된 사람의 살아있는 육체, 살과 뼈로 된 육체는 내게 꼭 필요하다. 왜냐하면 이 생명의 받침돌이자 기반이 없다면 나의 환상은 무너지고, 나의 무의식 체계는 중심을 잃기 때문이다. 그래서 고뇌와 고통을 유발하는 어마어마한 욕동의 교란이 생길 수도 있다.

환상이 존재하기 위해서 왜 선택된 사람이 살아있어야만 할까? 그것은 두 개의 이유 때문이다. 하나는 그의 몸이 환상을 충전시키는 흥분, 고유한 나의 욕망을 자극하는 흥분들을 주기 때문이다. 자아 속에서 그 흥분들은 욕망을 발산시키는 충격이 된다. 다른 하나는 움직이는 그의 몸, 그 만의 독특한 거동은 나에게 나의 고유한 이미지들을 가져다 주는 내면화된 이미지로서 심리현상의 중심에 투영되기 때문이다. 따라서 구체적으로 선택된 사람이 내게 절대적으로 필요한 것은 살아있는 몸체야말로 나로 하여금 계속 욕망하게 하는 흥분의 온상이면서, 무의식에 새겨져서 나의 환상을 다듬어주기 때문이다.

만약 선택된 사람의 몸이 나의 환상에게 욕망을 흥분시키는 온 상들의 집합체이면서 내 이미지들의 살아있는 소재가 된다면, 나, 곧 나와 내 몸은 그의 환상에게 무엇이 될까? 담쟁이의 은 유는 매우 의미심장하다. 그것은 생명력이 왕성한 식물로서 담 벼락을 기어오르고 타고 오를 때, 그 부착근을 균열된 틈이라 는 바위의 아주 특별한 장소에 붙인다. 마찬가지로 선택된 타 자 - 나의 환상이 된 대상 - 에 대한 나의 애착도 가는 곳이 정 해져있다. 그것은 아주 정확하게 자신의 욕망이 발산되는 곳, 나를 만족시키지는 못해도 성적 욕망을 자극하는 몸의 구멍들 이 그곳이다. 그러나 반대로 그가 가진 환상은 나의 욕망이 나 오는 지점, 곧 내 몸의 구멍에 고정될 것이다. 따라서 만약 살아 있는 내가 그에게 환상을 만들게 했던 사람이라면, 그리고 그 의 불만족을 조정했던 사람이라면, 내 자신의 환상도 그의 몸 속의 정해진 지점에 아주 강하게 부착되어 있으리라는 점을 당 신은 인정할 것이다. 다시 말해서, 내가 그를 위해 그가 나에게 되어주었던 것 - **환상이 된 선택된 사람** l'élu fantasmé - 이 된다면, 내 환상은 그만큼 더 단단하게 붙어있을 것이다.

따라서 우리가 사랑할 때, 우리는 우리와 이웃해서 살고 있는 외부 인물이면서, 우리 안의 무의식과 환상의 현존으로 이루어진 혼합된 존재를 사랑함을 알고 있어야만 한다. 그리고 동시에 우리도 그에게 우리의 살과 그의 무의식이 빚어낸 혼합된 존재라는 점은 꼭 알고 있어야 한다. 여기 내가 환상을 말하는 이유가 있다. 그것은 사랑과 이별의 아픔을 더욱 잘 이해하게 해주기 때문이다. 나는 그에게, 그는 나에게 선택되어 환상이 되어준 사람이었다. 그런데 그가 사라졌다면, 나는 분명 아파할 것이다.

지금 우리에게 중요한 것은 실재적이고 구체적인 사랑하는 존재를 잃을 때 함께 잃은 우리가 모르는 '것'을 좀 더 상세히 밝히기 위해 선택된 환상의 세 가지 현존 양식을 구분하는 일이다.

심리적 고통은 사랑의 고통이다
La douleur psychique est une douleur d'aimer

힘, 무의식 속에서 사랑하는 사람의 실재적 현존

선택된 사람의 실재적 현존은 힘이고, 상징적 현존은 이 힘의 리듬이다.

우리가 사랑하는 사람의 환상적 지위는 라캉학파의 **실재**réel와 **상징**symbolique, **상상**imaginaire의 세 개 차원에서 각기 다른 세 개의 형태를 가진다. 무의식 속 타자의 **실재적** 현존은 셋 중에서 가장 개념화하기 어렵다. 왜냐하면 '실재'라는 단어가 어감 상, 그냥 현실적으로 선택된 사람과 관련되어 있다고 생각하게 만들기 때문이다. 그런데 '실재'는 사람을 가리키지 않는다. 그것은 나의 무의식 속에서 나로 하여금 내가 되게 만드는 힘, 그래서 그것이 없으면 나는 더 이상 내가 될 수 없는 힘을 의미한다. 그 실재는 그의 몸을 관통해서 생기를 주는 타자 속의 생명이고 생명의 힘이다. 살아있어서 나를 자극하는 선택된 사람의 몸과 무의식에서 나온 힘, 나의 무의식을 지키는 자아의 전혀 다른 힘을 분명하게 구분하기는 대단히 힘들다. 이 힘들이 서로 사랑하는 사람들 중 누구에게도 속하지 않은 그냥 비인격적인 생명의 축, 에너지 계열이기 때문에 어렵다. 또한 이 특별한 힘이 그것을 나타낼 수 있는 어떤 상징이나 표상을 가지고 있지 않기 때문이다. 이것이 라캉의 '실재' 개념의 의미이다. 실재는 표상할 수 없는 것, 서로 사랑하는 사람들 각자의 심리적 일관성과 그들이 공유한 사랑하는 관계의 심리적 일관성을 동시에 보장하는 에너지이다. 요컨대 이 **실재의 타자**를 한 단어로 압축해야 한다면, 우리의 관계와 무의식을 구체화하는 강압적인 미지의 힘이라고 하겠다. 따라서 실재의 타자는 외부 인물이 아니라, 그의 인격에 생명을 불어 넣는 비인격적이고 순수한 에너지 부분이다. 우리가 연결되어있기 때문에, 비인격적이고 우리가 공유한 실재의 부분 역시 나의 고유한 부분이다. 그러나

심리적 고통은 사랑의 고통이다
La douleur psychique est une douleur d'aimer

실재의 타자가 존재하려면, 어디에도 속하지 않은 실재의 힘이 있으려면, 서로 사랑하는 두 사람의 몸은 살아있어야 하고 욕망에 민감해야 할 것이다.

리듬, 무의식 속에서
사랑하는 사람의 상징적 현존

사랑하는 사람이 거기에 없다면, 내 욕망의 리듬에 장단을 맞추는 자극도 없다.

선택받은 존재의 실재적 지위가 사랑하는 두 사람을 연결하는 알려지지 않은 공동의 힘이라면, 선택받은 존재의 **상징적** symbolique 지위는 이 힘이 가지는 **리듬**이다. 분명한 것은 밀고 나오는 욕망의 힘을 맹목적이고 무거운 폭발로 상상하기 보다는, 상승과 하강을 반복하는 긴장의 다소 규칙적이고 연속적인 리듬, 안으로 몰려드는 운동으로 상상해야 한다. 우리의 욕망은 순수한 실재가 아니라, 박자로 조율된 분명한 힘이다. 그리고 박자 때문에 힘에는 특징이 생긴다. 그렇다면 리듬은 무엇일까? 그것은 폭발을 상징하는 표현으로 시간 속에서 강약의 교차를 반복하며 나아간다. 리듬, 그것은 욕망과 생명을 상징하는 가장 원초적인 표현이다. 왜냐하면 약동하는 에너지가 생명의 최초 씨앗이기 때문이다. 욕망하는 충동$^{impulsion\ désirante}$의 힘은 그 자체로 표상할 수 없는 실재이다. 그러나 이 힘의 다양한 리듬들은 표상가능해서 상징적이다. 그것은 고저의 줄기를 따라 강하고 약한 강도의 교차로서 표상가능하다.

그런데 우리는, 우리의 무의식 속 타자의 **상징적 현존**은 **리듬**이고, 타자의 자극하는 힘과 나의 반응 사이의, 그의 대상으로서의 역할과 내가 느끼는 불만족 사이의 아름다운 화음이라는 가설을 세운다. 만약 내가 선택한 사람을 대체할 수 없다고 여긴다면, 그것은 나의 욕망이 서서히 그 특유의 고저장단으로 떨리는 욕망의 속도에 맞춰졌기 때문이다. 다른 어느 누구도 내 욕망의 리듬에 그토록 섬세하게 공명할 줄 몰랐기 때문에 그는 대체할 수 없는 존재처럼 된다. 무엇보다도 선택된 사람은 조금씩 나의 리듬의 박동에 다가와서 자리 잡으며 함께 적응하는 몸처럼, 그의 감각의 박동들은 나의 박동과 같은 박자로 춤춘다. 이렇게 우리 몸은 서로 자극을 받고 있는 것 같다. 따라서 그의 욕망의 박자는 내 욕망의 박자와 하모니를 이루며, 그의 모든 긴장의 변화가 나의 모든 것들에 메아리로 화답한다. 욕망의 만남이 조용하고 부드러울 때도 있고, 급하고 과격할 때도 있다. 그러나 실제로 서로 주고받는 성욕의 자극이 조화롭다고 해도, 거기서 나오는 만족은 서로의 상대에게 독특하고 부분적이며 조화롭지 못하다. 우리의 주고받은 자극은 일치했지만, 만족은 그렇지 못했다. 그것은 만족이 서로 다른 순간, 서로 다른 강도로 얻어졌기 때문이다. 자극은 일치되었지만 만족은 결렬된 셈이다.

우리는 내가 선택한 타자가 단순히 내 앞에 있는 사람 혹은 힘이 아니라, 자극하는 사람 혹은 불만족의 대상임을 잘 알게 되었다. 따라서 그는 사랑하는 우리 관계의 생명의 리듬 속에 한꺼번에 압축되어 있는 모든 것이다. 그런 그가 거기 없다면, 살아서 욕망하는 그 빛나는 존재가 거기 없다면, 그래서 내 욕망을 제법 잘 흔들어 깨울 줄 알았던 자극들이 거기 없다면, 나는 분명 상당량의 풍요로움을 잃을 뿐 아니라, 내 욕망의 골격이 되는 그것의 박자와 리듬도 잃는다.

> 리듬은 선택된 사람의 상징적 현존, 더 정확히 내 욕망의 리듬을 조정하는 척도이다.

따라서 나의 무의식의 한 복판에서 사랑하는 사람의 상징적 현존은 박자로 표현되고, 그에게서 내 욕망의 리듬이 조정되어야만 한다. 한 마디로, **상징적 타자**는 리듬이거나 척도, 혹은 심리적인 메트로놈으로, 그에게서 욕망의 박자와 빠르기가 결정된다.

우리가 선택된 존재의 상징적 지위를 이해했던 이 방식은 욕망을 실은 충동들의 쇄도를 막아내는 수문이라고 하는 프로이트의 억압개념을 재해석하고 있다. 이것은 또한 상징체계에 일관성을 부여하는 경계라고 하는 라캉의 절대자 아버지의 이름[Nom-]

$^{du-Père}$의 시니피앙 개념을 재해석하고 있다. 프로이트의 억압이든 라캉학파의 절대자 아버지의 이름의 시니피앙이든, 그것은 언제나 욕망의 힘을 유도하고 체계를 관리하는 요소와 관련이 있다. 그런데 심리적 메트로놈이라고 하는 선택된 사람은 욕망에게 우리 관계의 리듬에 따를 것을 강제하는 상징의 기능을 완수한다. 따라서 나의 욕망의 크기를 결정하는 선택된 사람은 나의 주이상스를 제한함으로써 나를 미치지 않게 한다. 그는 나의 만족을 제한함으로써 나를 보호한다. 선택된 상징의 존재는 결국 억압의 얼굴이자, 가장 모범적인 절대자 아버지의 이름의 시니피앙의 얼굴이다.

심리적 고통은 사랑의 고통이다
La douleur psychique est une douleur d'aimer

내면의 거울, 무의식 속에서
사랑하는 사람의 상상적 현존

나의 무의식 속에서 선택된 사람의 상상적 현존은 나에게 나의 고유한 이미지를 보내는 내면의 거울이다.

사랑하는 사람의 살아있는 몸은 내 욕망의 자극원이 될 뿐만 아니라, 내적 이미지의 형태로 나의 심리현상 속에 투사될 사랑하는 사람의 윤곽이기도 하다. 따라서 타자의 몸은 내적 이미지를 겸한다. 우리가 무의식 안에서 사랑하는 사람의 상상적 현존으로서 동일시하는 것은 자아 속 사랑하는 사람의 내적 이미지이다. 따라서 상상적 타자는 단순하지만 반들반들한 표면 자체이기도 한 특별함을 가진 이미지로, 거기서 변하지 않는 나의 고유한 이미지들이 반사된다. 나는 타자가 내게 보내 온 이미지들에서 나를 보고 또 느낀다. 내가 자아 앞에 갖고 있든, 자아로서 갖고 있든 나는 이 타자를 '상상적 타자autre imaginaire'라고 부른다. 다르게 말해서, 나는 거울 속에 비친 나 자신의 이미지, 사랑하는 사람의 내면화된 이미지를 붙든다.

그런데 내가 무의식적으로 사랑하는 사람에게서 경험한 내면의 이미지는 그것이 사랑하는 사람의 살아있는 몸이 뒷받침될 때, 비로소 나의 이미지를 반사하기도 하고 감정들을 생겨나게도 한다. 나의 무의식 속에 복사된 그의 이미지가 내면의 거울처럼 작동하기 위해 내게 필요한 확실한 것은 사랑하는 사람이 살아있어야 한다는 것이다. 우리를 연결하는 욕망의 힘에 따라 그 사람이 내게 보낸 이미지의 선명도가 결정된다. 한 마디로 욕망의 힘은 이미지에게 에너지를 줄 뿐 아니라, 우리에게 감정의 토대를 만들어 준다.

그러나 이 내면의 거울이 나에게 보낸 나 자신의 가장 중요한 이미지들은 무엇일까? 그것은 인식하자마자 감정이 생기는 이미지들이다. 우리가 인식하는 이미지는 때로 우리의 나르시스적인 사랑을 강화해서 우리 자체에게 열광하게 하고, 때로 우리 자체에 대한 거부감을 자극해서 우리에게 실망을 안겨주기도 하며, 자주 사랑하는 사람에 의존하고 복종해서 우리의 불안을 일깨워 준다.

사랑하는 사람의 상상적 지위에 관해 두 가지 점을 지적하면서 결론 맺는다. 먼저 우리는 나의 무의식 속에서 선택된 사람의 이미지가 되는 심리적 거울을 유리 같은 매끈한 표면으로 생각해서는 안 된다. 우리는 그것을 움직이는 작은 조각으로 나뉜 유리로서 그 위에서 나의 이미지들과 타자의 이미지들이 뒤섞여서 반사된다고 생각해야 한다. 이 같은 만화경 비유가 갖는 이점은 선택된 사람이 준 무의식의 이미지는 조각 거울이고, 거기서 서로 비춰주는 이미지들은 언제나 움직이고 있고 부분적임을 우리에게 보여준다는 데 있다. 그러나 이 만화경 비유의 문제는 타자의 상상적 현존이 전적으로 시각적일 것이라는 암시를 준다는 점이다. 우리는 하나의 이미지가 후각적일 수도 있고, 청각적일 수도 있으며, 촉각적이거나 운동감각적일 수도 있음을 알고 있기 때문이다.

사랑, 그것은 선택된 사람을 이상화한다.

두 번째 지적은 사랑하는 사람의 무의식적 이미지의 초안과 관련된다. 이 말은 우리가 사랑하는 존재를 우리의 감정이 아니라 가치에 의해 상상한다는 뜻이다. 나는 우리가 선택된 사람에게 부여하는 다양한 이상들 – 언제나 알고 있는 것은 아닌 – 을 생각한다. 우리는 함축된 이상들을 간직하고 조망하면서 우리의 애정을 뿌리내리고 키워간다. 대체로 과장된 데다가 유치하고 변덕스럽기까지 한 이 '이상들'은 서로 사랑하는 사이와, 그리고 사회적 관계에서 끊임없이 강요되고 재조정되는 기대期待라고 하겠다. 이 상징과 상상의 교차점에 놓여있는 이상들은 무엇일까? 여기 그 원칙이 있다.

• 우리에게 선택된 사람은 유일하고 대체될 수 없어야 한다.

- 그는 변함없어야 한다. 다시 말해서 우리가 그를 바꾸지 않는 한, 그는 절대 변해서는 안 된다.
- 그는 우리의 탐욕적인 사랑이나 파괴적인 미움에도 변질되지 않고 견뎌서 살아남아야 한다.
- 그는 우리의 지시를 받아야만 한다. 그래서 우리의 변덕을 충족시킬 만큼 잘 알고 있어야 하며, 언제나 유연해 보여야 한다.
- 그러나 그가 복종한다 해도, 우리를 불편하게 하지 않을 만큼 자율성을 유지할 줄 알아야 한다.

이러한 유사 이상들, 유치하지만 강압적일 수밖에 없는 이 요구들은 어린 아이의 과도대상objet transitionnel이 갖는 특징들과 별반 다르지 않다.

우리는 무의식 속에서 사랑하는 존재의 현존을 묻고 답했으며, 그런 존재가 사라질 때 우리가 정말로 잃는 것이 무엇인지를 이해하기 위해 이렇게 오래 돌아서 와야만 했다. 무엇보다도 선택된 사람은 환상이 되어 우리 안에 있으면서 우리의 욕망의 강도(불만족)를 조정하고, 우리를 구조화한다. 그는 살아있는 외부 사람일 뿐 아니라 그의 이미지를 가지고 구성된 환상, 나의 이미지들의 거울(상상), 욕망의 힘으로 관통되어(실재), 그 힘의 리듬으로 골격을 이룬(상징), 그래서 살아있는 그의 몸이 받쳐주는(역시 실재) 우리 욕망의 자극원이자 상상적인 투영 대상이다.

그러나 이 환상은 우리 안에 있는 사랑하는 존재의 표상만이 아니라, 우리를 살아있는 그 사람에게서 빠져나올 수 없도록 밀봉하는 것임을 알아야만 한다. 그것은 내주관적인^{intrasubjective} 형성물이면서 상호주관적^{intersubjective} 형성물이기도 하다. 다시 말해서 우리가 사랑하는 사람은 우리 자신의 한 부분인 '무의식의 환상'이지만, 그 부분은 우리라는 사람의 내면으로만 제한되지 않는다. 그것은 그 중간, 그 사람과 우리를 친밀하게 묶는 공간 속으로 확장시킨다. 한편 그 사람 자신은 그의 무의식 안에서 우리를 표상하고, 우리라는 존재와 그를 결합시키는 환상으로 살고 있다. 우리는 환상이 서로 사랑하는 두 사람이 공유하고 있는 상당히 독특한 심리적 형성물인지 알고 있다. 또한 한 사람의 환상이나 상대의 환상에 대해, '그의' 무의식이나 '타자의'

무의식에 대해 말하는 것이 필요했지만, 그것도 지금까지 얼마나 불충분했는지 알고 있다. 우리가 말하려고 하는 것은 이렇다. 환상, 평이하게 그것이 표현하는 무의식은 심리적 건축물, 둘 사이의 공간 속에 눈에 보이지 않게 세워지고 두 사람의 살아있는 몸을 받침돌로 해서 그것에 기초를 둔 복합 기구이다. 그래서 선택된 사람을 잃게 되면, 나는 기둥 하나가 빠진 건물처럼 무너지고 주저앉는다. 바로 이 지점에서 고통이 생긴다.

우리가 했던 질문으로 가보자. 사랑하는 존재가 없어진다면, 거기서 우리가 잃는 것은 무엇일까? 이에 대한 답변은 이렇다. 살아있는 타자의 몸이 없어진다면, 우리는 우리에게 있는 삶의 욕망까지는 아니어도, 욕망의 힘이 되어서 우리를 결합시켰던 자양분의 원천들 가운데 하나를 잃게 된다. 또한 우리는 이미지들을 비추면서 내면의 거울을 지원했던 사랑하는 사람의 살아있는 형체라는 버팀목도 잃는다. 또한 사랑하는 사람이 없어진다면, 우리는 욕망의 실재 힘을 진동시키는 리듬을 잃는다. 리듬을 잃으면, 무의식을 일관성있게 하는 한계, 곧 상징적 타자를 잃는다. 요약하면 사랑하는 사람이 없어진다면, 우리는 우리 욕망의 영양원(營養源) 가운데 하나를, 상상적 투사 대상을, 그리고 우리의 공동 욕망의 리듬을 잃는다. 말하자면 우리는 우리의 구조에 반드시 있어야 하는 환상의 조직과 응집력을 잃는다.

심리적 고통은 사랑의 고통이다
La douleur psychique est une douleur d'aimer

∴

고장 난 욕동에서 온 고통

"이 내부 나침반의 고장."

– 마르셀 푸르스트 Marcel Proust

이제 고통을 정의해 보도록 하자. 사람들은 팔의 상처에 기인한 고통의 감각이 팔 안에 있다고 잘못 알고 있는 것과 마찬가지 방식으로, 심리적인 고통도 사랑하는 사람의 실체의 상실 때문에, 마치 그의 부재 때문에 아프게 되었다고 잘못 알고 있다. 그러나 아픔은 타자의 부재가 아니라, 그 부재가 자아에 미친 효과 때문이다. 우리는 타자가 사라져서 괴로운 게 아니다.

우리의 괴로움은 사실 사랑하는 사람의 몸이 제공해왔던 우리에게 있는 욕망하는 힘의 근원들 중 하나가 없어졌기 때문이고, 그 몸에서 오는 자극들이 가졌던 박동이 사라지면서 이 힘의 상징적인 리듬이 끊어졌기 때문이며, 그의 현존으로 가능했던 내 이미지를 비춰주던 마음의 거울이 무너져 내렸기 때문이다. 따라서 마음을 아프게 하는 상처는 사랑하는 사람의 육체적 소멸이 아니라, 사랑하는 사람에 대한 환상의 단절이 가져온 내면의 충격이다.

앞에서 우리는 사랑의 고통을 사랑의 대상 상실에 대한 반응이라고 말했다. 그러나 지금 우리는 고통이 그 어떤 상실에의 반응이 아니라, 우리와 선택된 존재를 연결하는 환상의 단절에서 나온 반응이라는 좀 더 정확하고 발전된 정의를 내릴 수 있다. 진짜 아픈 이유는 사랑하는 사람을 잃어서가 아니다. 즉 환상의 틀을 지탱해주었던 기둥 가운데 하나가 빠져서가 아니라, 그로 인한 틀의 붕괴 때문이다. 상실이 가져온 붕괴가 아파하게 된 진짜 유일한 원인이다. 선택된 사람이 없어지면, 환상은 무너지고, 주체는 욕망의 최후 긴장 – 의지할 환상이 없는 욕망, 방향을 잃고 떠돌아다니는 욕망 – 에 넘겨진다. 따라서 아픈 마음을 환상 붕괴의 결과로 보는 것, 그것은 고통의 근원을 외적인 사실로서의 상실 사건이 아니라, 충격 받은 자신의 내면과 주체의 직면에 놓고 있는 것이다. 여기서 고통은 나의 욕망이 대상이 없는 어리석고 비참한 욕망임을 알게 될 때, 자아에게 가혹하게 강요되는 비탄이다. 이제 우리는 이 장 첫머리에 제시된 정의들 중 하나를 다른 형태로 다시 만난다. 고통은 사랑하는 사람을 잃게 될 때, 당황스러운 충격을 자각한 자아가 표현한 감정이다. 이제 우리가 환상의 단절을 사랑하는 사람이 사라지면서 생긴 내주관적인^{intrasubjectif} 주요 사건으로 인식한다면, **고통은 주체와 자신의 고장 난 욕망 사이의 직접적이고 난폭한 만남을 표현한다**고 말할 수 있다.

궁여지책으로, 우리의 자아는 욕동이 강하게 동요하는 그 순간에 그가 동원할 수 있는 모든 에너지를 이제는 사라진 타자의 이미지의 작은 조각들 위로 집중시킴으로써 무너져 내리는 환상의 조직을 구하려는 시도를 한다. 거칠게 요동치는 욕망이 태어나면, 이미지의 작은 조각들, 곧 이미지의 파편은 감정으로 과포화 상태가 될 것이다. 바로 이 지점에서 고통은 더 커진다. 몇 달이 지나 일단 애도작업이 시작되면, 사라진 사람의 부서진 이미지 조각은 과도한 팽창에서 벗어나고, 거기 결합된 고통도 조금씩 누그러진다.

결론을 내려 보자. 지금까지 내놓은 여러 가지 가정들을 통해, 나는 고통에 관한 견해가 어떤 수정과정을 거쳐 왔는지 차근차근 살펴보았다. 나는 고통은 상처에 대한 감각이고 사랑의 고통은 영혼의 상처라는 상식적인 생각에서 출발했다. 만약 그때 누군가 내게 왜 마음이 아프냐고 물었다면, 그냥 이렇게 대답했을 것이다. 소중한 사람을 잃게 되면 나 자신의 일부도 함께 잃어버려서 생기는 대 혼란 때문에 아프다고. 그러나 이제 우리는 보다 괜찮은 답변을 할 수 있다. 우리가 소중한 존재를 잃게 되면, 우리 내면은 극한의 긴장으로 내몰리고, 우리 자신의 내면의 미친-상실로 인해 시작된 내면의 광기-욕망과의 대면에서 경험하는 대 혼란 때문에 아프다고.

심리적 고통은 사랑의 고통이다
La douleur psychique est une douleur d'aimer

요약:
사랑은 왜 아플까?

- 고통은 사랑하는 사람의 상실에서 온다.
- 고통은 사랑하는 사람과 우리를 연결시킨 환상이 무너진 데서 온다.
- 고통은 환상의 역할이었던 둑이 무너짐으로써 카오스 상태가 된 이드의 욕동에서 온다.
- 고통은 이제는 없어진 사랑하는 사람의 조각난 이미지들 중 하나가 비대해진 데서 온다.

질문을 가지고 정리한다. 내가 제안한 정신분석의 고통에 관한 이론으로 우리는 무엇을 할 수 있을까? 감히 나는 이렇게 말한다. 아무 것도 하지 말라고. 그냥 놔두라고. 그 이론을 가만히 생각하게 놔두라고. 그것이 우리도 모르게 우리 안에서 움직이도록 놔두라고. 만약 이 너무도 추상적인 고통에 대한 이론이 실제로 유효한 결과를 낸다면, 아마도 그것은 환자의 괴로움이나 우리 내면의 괴로움을 듣는 우리의 방식이 그것을 덜어내는 힘을 가졌기 때문일 것이다. 클레망스의 치료를 떠올려 보면, 정신분석가의 개입은 이론과 무의식의 교차지점에 있다. 정신분석가는 자신의 이론적 지식과 무의식으로써, 고통과 대면하고 그것과 하나 되어 견딜 수 없는 그 재난을 상징적인 고통으로 돌려놓는 결정적인 말을 하는 방식으로 움직인다. 한편 고통에 관한 지식과 전이에서 나온 지식으로써, 그는 고통을 틀 안에 넣음으로써 그것을 진정시켰다. 그는 클레망스의 환상 속에서 그의 욕망에 안정된 리듬을 주었던 **상징적 타자**autre symbolique – 클레망스가 자기 아기의 죽음으로 잃었던 것과는 다른 타자 – 의 자리를 차지했다. 아픈 환자 앞에서, 분석가는 혼란스러운 욕동에 리듬을 전함으로써, 결국은 고통을 잠재우는 **상징적 타자**가 된다.

고통에 관한
작은 주제들

2

Archipel de la Douleur

고통에 관한 작은 주제들
Archipel de la Douleur

두 종류의 마음의 고통

무의식은 고통의 저장고, 그래서 잊지 않고 간직한다.

사랑하는 존재를 상실한 고통에 대응하는 방법은 두 가지이다. 예를 들면, 병으로 인해 어쩔 수 없이 떠나보낼 준비가 되었을 때, 그의 죽음은 우리에게 한없이 큰 고통이지만 표현할 수 있는 경험이 된다. 이 때 애도의 고통은 사랑하는 사람이 더 이상 없는 존재가 되기 전부터 이미 시작된 것 같다. 따라서 비록 견디기 힘든 고통이지만, 그것은 우리 자아 안에 안에서 동화되고 있었다. 그러나 사랑하는 타자의 상실이 예견할 수 없는 급작스러운 것일 때, 그 고통은 시간과 공간, 정체감의 모든 표지들을 마구 뒤흔들어 놓는다. 그 상실이 아픈 것은 자아가 소화시키기 어렵기 때문이다. 그리고 두 종류의 괴로움 가운데 어느 쪽이 진짜 아픈지를 묻는다면, 우리는 후자라고 할 것이다. 이렇게 고통은 즉각성과 예측 불가성으로 엄습해온다.

고통에 관한 작은 주제들
Archipel de la Douleur

∵

마음의 고통은 어떻게 몸으로 느껴질까?

마음의 고통이 시작되면, 우리는 그것을 견디기 힘든 공격으로 느낀다. 골격을 잃은 몸은 옷걸이에서 떨어지는 옷처럼 바닥으로 주저앉는다. 따라서 고통은 몸이 폭발하는 감각이 아니라 소리 없이 무너지는 분해의 감각이 된다. 그리고 이러한 무너짐을 늦추고 저지하기 위한 초기의 대책들이 비명이고 말이다. 오래 전부터 고통 앞에서 구조를 청하는 가장 원초적 방편이, 소리를 지를 수 있다면 비명이 되겠다. 그 다음이 머릿속에서 이치를 따져서 상실 이전의 익숙했던 현실과 지금의 낯선 현실 사이를 연결시키려는 시도의 말paroles이 온다. 고통을 변형하려고 하는 표현들^{mots}은 영혼 속에 모여 있는 고통을 몸으로 전한다.

고통의 진짜 원인은 이드 안에 있다

인간 고통의 진짜 근원은 두려워하는 자기자신이거나 이드이다.

○

이드에서 오는 고통은 우리와 같이 살고 있지만 어울리지 못하는 이방인이다. 고통은 우리 안에 있지만, 우리 것은 아니다.

○

괴로운 사람은 고통을 생기게 한 원인과 심층의 원인들을 혼동한다. 그는 사랑하는 사람을 상실한 것과 그 상실에서 비롯된 욕동의 전복들을 혼동한다. 진짜 원인은 밖에 있지 않고 이드의 지배를 받고 있는 자아 내부의 기반들 속에 있지만, 그는 자신이 아픈 이유가 사랑하는 사람이 사라졌기 때문이라고 생각한다.

○

자아가 없다면 고통도 없다. 그러나 고통은 자아 속이 아니라, 이드 속에 있다. 고통이 있으려면, 자아는 세 개의 행위를 해야만 한다. 먼저 자아는 사랑하는 사람을 다시는 볼 수 없이 상실했다는 현실을 확인해야 한다. 그리고 이드에서 생긴 고장 난 욕동 - 고통의 진짜 근원인 - 을 인식해야 하고, 이 내부의 지각을 아픈 감각으로 바꿔야 한다.

무의식의 고통

종종 환자는 자신이 왜 슬픈지, 자신에게서 없어진 것이 무엇인지 모르는 채, 슬픔을 느낀다. 자신이 아픈 줄도 모르고 고통 속에 신음하는 환자들이 있다. 예를 들면, 알코올 중독 환자는 얼마나 깊은 고통이 자신의 강박적인 갈증의 근원에 있다는 것을 모른다. 그는 무감각해지기 위해서, 자신의 깊은 고통을 지각해서 이드 속의 동요를 느끼는 자아의 능력을 무력화시키기 위해서 마신다. 소용돌이치는 욕동이 있다고 해도, 알코올 때문에 무력해진 자아는 그것을 아픈 감정^{émotion}으로 변환시키지 못한다. 마치 알코올이 이드의 언어를 의식에서 감지된 언어로 변환하는 자아의 기능을 제거하는 효과를 가진 것처럼 작용한다.

∴

자잘한 외상과 무의식의 고통

심리적인 외상은 사랑하는 존재의 가혹한 상실에서 오는 충격 때문에 생길 수 있지만, 주체가 느끼지 못하는 오랜 시간 동안 지속된 자잘한 외상들에 추가된 여전히 사소한 사건을 계기로 해서 생길 수 있다. 이 작은 외상들은 하나하나가 주체에게 의식하지 못하는 미미한 고통을 일으킨다. 일회적인 고통이 중복되고 누적되면, 별일 아닌 사건이 불씨가 되어 그때까지 억눌렸던 고통이 터져 나오기에 충분한 긴장상태를 만든다. 발단이 되는 사소한 사건은 자아의 내부 및 외부 모두에 있을 수 있다. 그래서 별 의미없는 꿈이나 추억이 자아를 압도하고 상처를 입히는 맹렬한 기세의 흥분을 유입시키는그런 상황 속에 있을 수 있다. 그리고 이 상태는 외상으로 인한 고통으로 느껴진다.

우리가 사랑하는 타자는 누구인가?

우리가 사랑하는 사람은 우리를 흥분시키고, 그 흥분을 절정에 이르게 한다는 믿음을 준다. 그는 우리를 자극해서 꿈꾸게 만들면서 실망시킨다. 우리가 사랑하는 사람은 우리의 결핍이다.

○

우리가 사랑하는 사람은 외부 인물 이상으로, 우리 욕망의 중심으로 되돌아온 우리 자신의 한 부분이다.

우리가 사랑하는 사람

우리가 사랑하는 살아있는 사람은 외투걸이 같다. 거기에 우리는 그의 도움을 받아 만든 그에 대한 환상을 걸어놓는다. 그리고 우리는 살아있는 우리의 마네킹을 무수히 많은 우리의 욕동과 이미지, 상징들의 심리적 덮개로 덮어버린다.

∷

내가 사랑하는 그 사람이 나의 경계이다

사랑하는 사람에게서 내가 경험한 가장 중요한 표상은 내 경계에 대한 것이다. 그렇게 사랑하는 사람은 나의 경계를 의미한다. 따라서 사랑하는 사람은 나에게 이미지를 주고, 내 현실의 일관성을 보장하며, 나의 불만을 견딜만한 것이 되게 할 뿐만 아니라, 내가 견딜 수 없는 비정상의 절대 만족을 제어한다. 한 마디로 선택된 사람 – 우리가 사랑하는 사람이라고 하지만, 그럼에도 미워하거나 두려워하고 혹은 욕망하는 사람이기도 한 – 은 접근할 수 없음을 잘 알고 있지만 위험하다고 여기는 주이상스를 막아주는 울타리를 의미한다. 억압이 안에 있는 것이라면, 선택된 사람은 실재와 상상, 상징의 현존을 통해서 바깥에 있는 것이다. 내게 극단의 주이상스를 피하게 하면서 견딜만한 불만족을 보장하는 이 살아있는 울타리는, 그렇다고 해서 주이상스에의 꿈을 막는 것은 결코 아니다. 내가 선택한 사람은 오히려 헛된 기대를 키워주고 꿈꾸도록 나를 부추기지만, 그 꿈의 실현을 막는다.

이제 우리는 왜 선택된 사람이 사라질 때, 그와 함께 일상의 불만족과 견딜만한 욕망이 사라져서, 방향을 잃은 욕망으로 좌초되어 괴롭다는 것을 알았다. 사랑하는 사람의 죽음이 본질적으로 가져오는 것, 그것은 경계의 죽음이다. 내가 사랑하는 사람을 잃는 것은 또한 나의 지도자를 잃는 것이다. 따라서 애도작업은 새로운 경계의 재건이다.

사랑하는 사람에 대한 나의 환상

환상fantasme은 불만족의 구멍 주변을 나선형으로 돌고 있는 고리 모양으로 배열된 시니피앙들과 이미지들의 복합체이다. 이 구멍의 중심에 살아있는 사랑하는 사람이 우뚝 서있다.

○

내가 느낀 사랑하는 사람에 대한 환상은 내 욕망의 토대이다. 만약 사랑하는 사람이 죽었다면, 환상은 무너지고 욕망도 제멋대로가 된다.

내가 사랑하는 타자에 대해 키운 환상은 너무 절대적이고 배타적이어서, 새로이 선택된 사람과의 관계, 즉 새로운 환상들이 만드는 새로운 관계를 세우지 못하게 막는다. 이런 밀착형 envahissant 환상의 보기로는 젊은 여성이 자기 아버지에게 대단히 깊이 밀착되어 다른 남자와 새로운 사랑의 관계를 만들어낼 수 없는 경우를 들 수 있다. 이 환상의 다른 보기로는 우리를 모욕했던 사랑하는 사람에 대항해서 그를 향한 뿌리 깊은 원한을 갖는 경우이다. 타자는 이제 사랑의 상대가 아니라 미움의 상대가 된다.

현실 속의 누구라고 할 수는 없지만, 우리의 무의식을 조정하는 사랑하는 사람에 대한 환상이 있을 수 있다. 이는 그 자체로 충분하고, 종종 밀착되어 있으며 비정상적으로 발달된 병든 환상을 말한다. 그리고 이에 대한 가장 탁월한 예가 **병적인 애도**이다. 이것은 슬픔에 빠진 사람이 고인이 된 선택한 존재를 여전히 살아있는 것처럼 지속적으로 환상하는 fantasmer 경우이다. 이와는 반대로, 망상증 환자는 자신의 역할을 낯선 사람의 사랑을 받는 것으로 사랑의 관계를 가공해서 이상하게 만든 **치한 망상** délire érotomaniaque 의 경우도 있다.

∷

고통은 돌이킬 수 없다는 확신이다

고통이 상실의 반응이라면, 그것은 괴로움을 겪고 있는 주체가 이 상실을 회복할 수 없는 것으로 여기기 때문이다. 실재 상실이든 상상의 상실이든, 결정적이든 잠정적이든 그것의 진짜 성격은 중요하지 않다. 중요한 것은 주체가 자신의 상실을 회복할 수 없는 것으로 믿는 절대 확신이다. 그런 여성은 실제로 잠정적이라고 밝혀졌음에도 불구하고, 사랑하는 사람의 떠나감을 완벽하게 버려지는 것으로 여겨서 커다란 고뇌로 경험한다. 그의 고통은 절대 확신에서 생기는데, 그 확신으로써 사랑하는 사람의 부재를 돌아오지 않는 결별로 이해한다. 거기에는 고통을 가라앉히는 그러한 확신에 대한 합리적인 의심이 없다. 그냥 확신과 고통만 있다. 고통은 확신에서 떼어 놓을 수 없고, 합리적 의심과 짝할 수 없다. 따라서 의심에 뒤따르는 괴로운 감정은 고통이 아니라 불안이다. 불안은 무서운 위험이 있을 수 있다는 불확실성 때문에 생기고, 고통은 이미 이루어진 해악의 확실성 때문에 생긴다.

사랑하지만 죽은 사람을
대체할 수 없다고 여긴다

나는 이미 사랑하는 사람은 대체불가가 아니라, 대체불가로 '여겨진다'고 했다. 죽음과 함께 생존 당시의 그에게 유일한 존재라는 권력을 부여한 사람이 바로 우리이기 때문이다. 우리는 생전의 그 사람이야 말로 우리가 선택한 유일한 존재라는 무언의 확신에서 비롯된 행동을 한다. 그가 없어진 순간, 이 확신은 분명해져서 그를 대신할 사람은 아무도 없다는 아픈 확신이 된다. 그러나 일단 흐르는 시간과 함께 애도가 이루어지면, 우리가 사랑했던 사람의 자리를 다른 사람이 채우러 오는 것도 사실이다.

고통에 관한 작은 주제들
Archipel de la Douleur

∷

사랑과 고통

자아는 우리가 사랑하는 사람의 모습이나 우리 신체의 일부 이미지들이 반사되는 내면의 거울과도 같다. 이미지가 실재 사물에 의지해서 반사된 것일 때, 사랑은 그 이미지들 중 하나에 과도하게 집착하는 것^{un excès d'investissement}이다. 그러나 실제로 지원된 것이 우리를 떠나고 없음에도 불구하고 여전히 과도하게 집착하는 것은 고통이다.

○

상실의 현실을 부정하는 눈먼 사랑과, 반대로 그것을 받아들이

smssm는 명석한 체념, 이 극단적인 두 가지 모두 자아를 괴롭히고 아프게 한다. 심리적인 고통은 단순한 방정식으로 요약될 수 있는데, 그것은 더 이상 현실에 존재하지 않는 사람을 향한 우리 안의 너무 큰 사랑에 있다.

두 양식의 애도의 고통

돌이킬 수 없이 떠나버린 사람을 사랑하는 고통은, 상실하는 그 순간에 생길 수 있는 괴로움이면서 애도 기간 중에도 간헐적으로 다시 생길 수 있는 괴로움이다. 그것이 동일한 고통에 관련되어 있다고 해도, 출현하는 시기에 따라 그 양상은 다르다. 상실하는 순간의 그것은 갑작스러우면서 육중한 반응일 수도 있고, 애도 중의 그것은 가끔씩 생기는 반응일 수도 있다. 이 두 개의 표현들을 잘 구분하는 것은 우리에게 애도 개념을 설명하는데 필요하다.

애도는 사랑이 식는 과정이며,
애도의 고통은 사랑의 자극에서 온다

애도는 소중한 사람을 상실했다는 생생한 고통으로 시작해서 그의 부재를 차분하게 받아들이면서 수그러지는 긴 여정이다. 애도하는 것, 그것은 부재를 안고 사는 법을 배우는 작업이다. 이 과정 속 고통은 슬픔으로 고립된 통로처럼 보인다. 이 아픈 자극들의 성격을 이해하기 위해서, 우리는 애도를 자아가 상실의 순간에 거칠게 묶었던 것을 끈기 있게 풀어나가는 느린 작업이라고 생각해야만 한다. 애도, 그것은 급하게 굳어졌던 것을 천천히 해체하는 일이다. 상실의 충격으로 자아는 사라진 사랑하는 사람의 표상에 과도하게 몰입했다. 그러나 애도 중에 있는 지금, 자아는 그의 발길을 돌린다. 자아에게는 고통의 근원이었던 사랑하는 사람의 표상이 생기를 잃고, 이물질이기를 멈추며 그에게서 조금씩 멀어진다. 표상이 그에게서 멀어진다는 것은 표상에 실린 과잉감정을 거두어들여서, 다른 표상들 가운데로 재배치하고, 다르게 그것에 몰입하는 일이 된다. 따라서 애도는 사라진 사람을 다르게 사랑하기 위해서 그를 향한 사랑이 식어가는 느리고 아픈 과정이라고 할 수 있겠다. 이 말은 애도가 슬픔에 잠긴 사람이 고인을 잊거나 그를 향한 사랑을 멈춘다는 것을 의미하지 않는다. 다만 갑작스러운 상실이 갖는 너무 과한 반응성 집착이 완화된다는 것이다. 때문에 애도를 한다는 것은 사라진 사람을 다르게 사랑하는 법을, 살아있는 그 사람이 보내는 자극 없이도 사랑하는 법을 배우는 것이다.

방금 우리는 애도를 사랑이 식는 과정이고, 애도의 고통은 사랑의 자극이 되살아나서 생기는 감정이라고 했다. 실제로 애도의 고통은 대상을 향한 몰입에서 빠져나오면서 겪는 그의 이미지에 일시적으로 재 몰입하게 되는 경우이다. 그 고통은 슬픔에 빠진 사람이 현실 속에서 우연히 사랑하는 사람이 살아있던 시간을 기억나게 하는 어떤 단서와 마주칠 때 생긴다. 추억의 힘으로 인해 되살아난 고인의 표상을 주체가 다시는 돌이킬 수 없는 상실로 받아들여야만 할 때, 고통은 되살아난다. 분명히 말하지만, 사라진 사람의 이미지가 되살아날 때마다, 그래서 동시에 그의 부재를 분명하게 받아들여야 할 때마다 고통이 있다. 애도 중에 있는 고통은 사라지고 싶지 않은 사랑이 집요하게 압박하는 것이다.

고통에 관한 작은 주제들
Archipel de la Douleur

향수는 사랑과 고통, 그리고 주이상스의 혼합물이다.
나는 사랑하는 사람의 부재를 괴로워하고
그가 내게 준 고통을 주이상스한다

사랑하는 사람에 대한 우리의 기억은 그에 대한 오마주로서, 우리에게는 아파하면서 갖는 주이상스가 있다. 그래서 사랑과 고통, 그리고 주이상스는 서로 얽혀있다. 부재하는 사람을 계속 사랑하는 일은 확실히 괴롭다. 그러나 그것이 우리에게 그 사람을 추억하게 했기 때문에, 이 괴로움도 가라앉는다.

병리적 애도

병리적 애도 속에 있는 과장된 감정은 사랑하지만 사라진 사람의 심리적 표상에 변함없이 모여서, 그 사람을 되살리려는 시도를 하는 것 같다. 병리적 애도, 그것은 이미지 주변에서 굳어진 사랑이다.

∷

"나는 고통이 멎는 것을 원치 않는다"

고통의 표현들 - 낙담, 고함, 눈물 - 은, 마치 그 고통을 겪고 있는 사람이 그 시련만이 자신의 삶이라는 무의식의 욕망 - 다른 것은 아무 것도 아니라는 마조히즘적 욕망 - 에 사로잡힌 듯이 그 고통을 유지한다. 사랑하는 존재를 상실했던 고통을 겪고 있는 사람들은 누구나 그 잔혹한 고통을 견뎌내고 싶어 한다. 그들은 아파하고 싶어 한다. 왜냐하면 그들의 고통이 죽은 사람에 대한 오마주이고 사랑의 증표이기 때문이다. 고통은 다 퍼내야만 하는 주이상스이고, 울부짖음과 눈물, 과장된 감정으로 대신해야만 하는 긴장이다. 마음이 괴로운 사람은 이렇게 외치는 것 같다. "나를 가만히 놔둬요! 위로하려 하지도 말고, 내 고통을 다 써서 더 이상 아파할 기운이 없어질 때까지 아파하게 내버려둬요. 이제는 볼 수 없는 그 사람을 다시 만날 수 있는 것은 아파할 때뿐이니까요."

고통에 관한 작은 주제들
Archipel de la Douleur

불안은 상상적 결여의 반응이다

불안은 대상 상실의 위협에 따른 반응, 즉 우리가 사랑하는 사람이 우리를 떠날 수도 있다는 생각에 따른 반응이다. 따라서 불안은 사랑하는 타자가 부재할 수도 있다는 의식의 표상과 연합된다. 라캉의 용어를 빌면, 불안은 내가 결여를 상상할 때 생긴다고 하겠다. 따라서 불안은 상상적 결여에 대한 반응이다.

○

불안의 세 형태. 사랑하는 **존재**를 잃을 것이라는 협박 앞의 불안, 자랑스러운 **기관**을 잃을 것이라는 협박 앞의 불안(거세 불안), 나를 짓누르는 실재나 상상의 잘못에 대한 벌 대신 우리를 사랑해주는 **사랑**을 잃게 된다는 협박 앞의 불안(도덕적 불안이거나 죄의식).

프랑수아즈 돌토의
몸의 무의식적 이미지
개념과 고통•

3

La Douleur et le concept
d'Image Inconciente du Corps
de Françoise Dolto

• 이 장은 『프랑수와즈 돌토, 살리는 것은 말이다. 언어의 신체 이론 Françoise Dolto, C'est la parole qui fait vivre. Une théorie corporelle du langage』(W. Barral 감수, Gallimard, 1999)에 실린 나의 원고를 깊이있게 수정하고 발전시킨 것이다.

프랑수아즈 돌토의 몸의 무의식적인 이미지 개념과 고통
La Douleur et le concept d'Image Inconciente du Corps de Françoise Dolto

질문: 당신은 고통에 대한 당신의 이해와 프랑수와즈 돌토의 몸의 무의식적 이미지 개념 사이에 어떤 관련성을 밝히고 싶으신가요?

나는 심리적 고통에 대한 이해를 소개하기 위해서 여러분과 만나는 지금, 아주 기쁘다는 말을 전한다. 어떤 주제를 발표하고 소개하는 일은 내게 언제나 새로운 경험이다. 발표는 함께 한 청중에 따라 매번 새롭게 이루어지기 때문이다. 참 신기하지만 그렇게 된다. 내게 말하는 환자와 내가 함께 있다(한번 경험해 보시길!). 그런데 어느 순간, 환자는 내가 정확히, 혹은 어느정도라도 들을 준비가 되어 있는 말을 할 때가 온다. 게다가 그는 내가 듣는 방식으로 말하는 때가 온다. 나는 이런 경험을 매일 한다. 나는 앉아서 환자의 말에 귀 기울인다. 그리고 어떤 예상, 모호한 생각들, 꼭 이론가가 아니어도 할 수 있는 기대 같은 것을 갖고서 집중한다. 내가 무언가를 하거나 말하지 않아도, 그냥 더 잘 집중하기 위해 눈을 감고 손으로 턱을 괴고 듣고 있을 뿐인데, 환자는 내가 기대하는 것을 말한다. 이것은 분석의 실상을 보여주기 위해 내가 자주 하는 말이다. 이런 일을 하루에도 일곱, 여덟, 열 번까지 할 때도 있지만, 그 이상은 할 수 없다. 아무리 분석가라고 해도 24시간 내내 그러한 집중력으로 들을 수는 없기 때문이다.

만약 내가 환자에게 무엇인가를 말해야 한다면, 나는 듣는 환자의 입장에서 그 말을 할 것이다. 마찬가지로 내가 강연을 할 때에도 그것이 진행됨에 따라, 내 사고와 청중들의 청취 진화는 함께 이루어진다. 나의 작업은 나의 이야기를 듣고 있는 청중에 의해 조정되고 다듬어진다. 나는 이런 현상이 자신의 작업을 잘 다듬어서 발표하는 모두에게 해당되는 문제이며, 그래서 그들의 발표는 매번 다르다고 생각한다.

여러분 가운데 몸의 무의식적 이미지에 관해 이미 알고 있을 수도 있다. 그런데 나는 이 주제에 관해 아주 잘 알고 있고, 정말 중요하다고 생각해서 한동안 이 주제만을 연구한 적도 있다. 그래서 나는 이 주제를 듣기에 대해 말하는 것으로 시작해도 좋다는 확신을 하게 되었다. 왜냐하면 그것이 여러분에게 확실하게 유용하기 때문이다. 그래서 나는 내가 했던 경험 - 사람들은 타자에게서 들은 대로 말하고, 타자가 말한 대로 듣는다 - 을 여러분에게 전한다. 이것은 단순한 상호관계가 아니다. 이것은 거의 인과관계 수준의 의존관계이다. 타자의 말은 나의 청취를 다듬고, 나의 청취는 타자의 말을 다듬는다.

따라서 나는 현재 나의 관심 주제인 마음의 고통에 관해 이야기하려고 한다. 왜냐하면 나는 사랑과 고통을 다루는 저술을 준비하고 있는 중이기 때문이다. 내게는 이 주제들을 다루고, 이해해서 제대로 숙달되기까지 연구를 거듭해서 일단 그것들을 말로 전달하는 일이 중요하다. 숙달한다는 것, 그것은 청중에게 연구 주제 관련 권위자가 되는 것은 아니다. 그것은 질문 속에 푹 빠져서 스며드는 일, 여러 각도에서 그것에 접근하는 것을 시도하는 일이다. 나는 발표를 통해 고통에 관한 정신분석적인 이해와 관련 있는 몸의 무의식적 이미지에 관한 주제를 확실하게 다룰 수 있게 되었다. 지금까지 나는 이런 생각을 해본 적이 없었지만, 한 회기 동안 무의식적 이미지에 관해 말하는 일은 분명히 내게 프랑수와즈 돌토의 개념 속으로 빠져들게 할 것이다.

나는 이미 오랫동안 고통을 주제로 해서 연구를 한 적이 있었고, 지금 다시 그것을 계속하고 있다. 나는 여전히 이 주제가 흥미롭다. 내가 볼 때, 거기에는 내가 어느 쪽에서 접근해도 언제나 똑같은 두 개의 질문이 주가 되어있다. 누군가의 괴로움을 어떻게 설명할 것인가? 왜, 그리고 어떻게 누군가는 고통을 겪는가? 이에 답하기 위해 내가 여러 해 동안 연구했던 불임을 치료해서 임신에 성공한 여인의 예를 다시 들여다보자. 그녀는 분석 면담을 계속하면서 임신 상태도 잘 유지하고 있었다. 나는 너무 좋아서 그 말을 할 뻔 했다. 다른 분석가들은 어떤지 모르지만, 나는 상황이 좋아지면 표현은 하지 못해도 참 좋아한다. 그래서 그 여인이 내게 "우리가 해냈어요!"라고 말했을 때에는, 나도 "그래요, 우리가 해냈습니다!"고 대답했다. 내게 이 말은 이 여인과 남편, 대단히 유능한 산부인과 의사와 불임 문제를 다룬 의사, 그리고 나를 포함한 우리 모두에게 한 말로 들렸다. 그녀는 임신과 출산의 여정을 잘 감당한 다음 전화로 내게 아들의 출생을 알려주었다. 나도 축하를 해주었다. 그러나 3일 후에 걸려온 전화에서 그녀는 아기의 죽음을 알렸다. "아기가 죽었어요. 왜 죽었는지 모른다고 해요." 아기는 태어난 지 3일 만에 병원에서 죽었다. 내가 이것을 예로 드는 이유는 실제 이야기이고 언제든 우리가 마주칠 수 있는 상황이기 때문이다.

이 이야기는 내가 지어낸 것도 극적으로 꾸며낸 것도 아니다. 벌어졌던 일 그대로이다. 그 일 이후 시간이 좀 흐른 다음에 환자를 만났다. 그녀는 다시 오기로 마음먹는데 몇 주간의 시간이 필요했던 것이다. 이런 현상은 누군가를 갑자기 잃어버렸을 때 아주 흔히 일어난다. 그리고 대부분 그런 일이 생기면, 사람들은 그것과 관련되었던 모든 것에 대해 마음의 문을 닫아버린다. 이런 종류의 상실 앞에서, 사람들은 사랑의 대상과 연결되었던 모든 것, 남편이나 어머니, 아버지까지도 모든 것을 거부하고 싶어 한다. 나는 그동안의 임상경험을 통해 그녀가 다시는 분석에 오지 않을 것이라고 예상했다. 왜냐하면 나 역시 그녀의 임신을 위한 노력과 탄생의 기쁨, 상실의 고통에 연관되어 있었기 때문이다. 그래서 그녀는 나와 계속하지 못하고 떠날 것이라고 생각했다. 나는 그녀의 고통과 너무 많이 연관되어 있었고 그녀는 관계를 바꿀 필요가 있기 때문이다. 흥미롭게도 이 경우는 그렇질 않았다. 현재 이 환자는 분석작업을 다시 시작했고, 삶도 되찾았다. 충분한 시간이 흐른 다음, 그녀는 새로운 임신을 고려했고, 불임 극복을 위해 새로운 노력을 기울이기 시작했다. 나는 내 앞에 환자로 된, 사람으로 된 고통이 있었다는 것을 알았고, 경험했다. 어느 누군가가 아팠던 것은 아니었다. 그 누군가가 온전한 고통이었다. 그래서 나는 고통이다.

나는 언제나 이런 질문을 던진다. 누군가가 아프다는 것을 어떻게 설명할까? 우리는 왜 누군가를 상실하면 아파할까? 우리

프랑수아즈 돌토의 몸의 무의식적인 이미지 개념과 고통
La Douleur et le concept d'Image Inconciente du Corps de Françoise Dolto

가 이 질문을 관념 수준에서 하고 있지 않는 것은 분명하다. 여러 저자들이 이 질문에 관심을 가졌고, 1912년 처음으로 아브라함^{Abraham}은 애도와 우울증, 그리고 상실의 고통에 관한 책을 썼다. 1915년 프로이트도 『애도와 우울증』을 출간했다. 그 뒤 1924년 아브라함은 다시 그 질문을 하면서 그들은 서로 편지를 주고받았다. 많은 저자들이 이 문제를 다루었지만, 질문은 그대로 남아있다. 사랑하는 사람이 떠나고 없을 때 사람들이 겪는 고통을 어떻게 설명할까? 이 문제는 삶의 다양한 순간에 우리 모두에게 제기된다. 우리는 모두 아파하는 환자이기 때문이다. 따라서 이것이 나를 사로잡았던 첫 번째 질문이다. 어떻게 고통을 생각할까? 어떻게 고통을 이론화할까? 나는 일단 말한다. 심리적 고통이라고.

두 번째 중요한 질문은 언제나 나의 사고와 활동, 연구의 영역에서 이렇게 나온다. 우리가 주체의 무의식과 실질적인 접촉이 있다는 느낌과 확신을 실제로 갖는 그 독특한 청취의 순간이 있었음을 어떻게 받아들일까? 어떻게 해서 우리는 타자의 말에서 그의 가장 깊은 내면을 들을 수 있게 될까? 이 두 번째 중요한 질문에 대단히 가깝지만, 또 여전히 대단히 어려운 타자가 섞여있다. 자신의 심층에서 누군가의 말, 깊숙한 내면의 말을 들으면서, 그냥 듣다가 가끔 말하면서 어떻게 이 주체가 겪는 고통을 덜어줄 수 있을까? 나도 모른다. 그에 관해 논문과 책을 썼고, 설명하고 연구하고, 또 여러 각도로 그것에 접근했던 나이지만, 그냥 진지하고 간단하게 이렇게 말할 뿐이다. 나는 누군가의 말을 듣고, 또 적절하게 그에게 말한다. 그런 행위를 어떻게 잘했기에 누군가가 그 고통을 다르게 경험해서 또 덜 아프게 되는 일이 생기는지는 모르겠다. 놀랍게도 아직은 이런 질문들에 대한 명확한 이론은 없다. 우리가 정말로 알고자 한다면, 여러 가지 근접 이론이 있기는 하지만, 개인적으로 나는 지금까지의 이루어져 왔던 설명에 만족하지 못한다. 이것이 나의 연구를 지배한 중요한 두 개의 질문이다. 이제 나의 고통에 관한 첫 번째 질문에 다가가 보자.

심리적 고통은 무엇일까? 여기서 나는 심리적 고통에 관한 정신분석 이론을 설명할 것이다. 나는 이 이론을 독자들이나 환자와의 작업을 통해 다듬었다. 분명한 것은 우리의 위대한 스승-라캉과 프로이트, 다른 의미에서의 스승인 멜라니 클라인, 혹은 우리와 좀 더 친숙한 프랑수와즈 돌토-들 가운데 어느 누구도 심리적 고통에 대한 확실한 이론을 만들지 못했다. 다른 주제들에 관해 있는 권위 있는 기초 논문이 여기에는 없다. 프로이트의 논문 여기저기에 심리적 고통을 다룬 것 같은 것이 몇 개 있기는 하다. 라캉도 고통은 그가 30년간 진행했던 세미나 가운데『무의식의 형성Les formations de l'inconscient』에서 한 번,『욕망과 그 해석Désir et son interprétation』에서 한 번 언급한 정도이다. 고통을 주제로 한 논문이 없기 때문에, 나는 혼자서 찾아내고 연구해서 만든 이론을 여러분에게 소개할 수밖에 없었다. 그러니까 지금 설명하고 있는 고통에 관한 이론은 결국 나의 스승에게서 영감을 받은 나의 이론이다.

나는 심리적 고통을 정의하기에 앞서 세 가지 전제 조건을 제안한다. 먼저 사랑, 미움, 질투, 애정 등 모든 감정들 가운데 고통-나는 이미 그것을 감정이라고 말했던 적이 있다-은 즉시 빠져나가서 관념으로 파악하기가 가장 어려운 감정이다. 그래서 우리가 그것을 명확히 하는 데는 특별한 어려움이 있다. 두 번째로, 심리적 고통은 꼭 병적인 현상만도, 내가 좀 전에 말했던 사례처럼 괴로운 상황에서 생겨나는 감정만도 아니다. 나는 계속되는 고통 속에서 우리가 성숙해지는 것처럼, 심리적 고통은 우리 모두의 삶을 점철하고 있다고 본다. 분석을 수행하게 했던 고통은 우리 존재의 한복판에 있어서, 우리 존재를 구성하고 있음이 분명하다. 그래서 우리가 아프거나 괴로울 때, 나는 그것이 시련을 경험하고 있는 표시로 생각한다. 나는 고통이 좋은 것이거나 나쁜 것이라고 단정 짓기보다 그냥 그런 것이라고 본다. 의학적인 주제로서의 고통은 이제 유행처럼 되었다. 1984년, 내가 고통에 관한 세미나를 시작할 때만 해도 그것에 관해 말하는 사람은 물론, 심리적인 관점도 의학적인 관점도 없었다. 그러나 얼마 지나지 않아 통증douleur을 주제로 한 의학 서적들이 풍부해졌다. 그런 서적들과 함께 최근 보건 행정에서 통증은 병원에서, 특히 어린 아이의 경우는 어떻게든지 피해야 하는 해악mal으로 봐야 한다는 법령들이 생겨났다. 이제 통증은 모든 의학이 염두에 두고 있는 단어이다. 그래서 당신이 통증에 관한 현대의 책 가운데 아무거나 집어서 들쳐보면, 거기에는 통증은 좋지 않은 것이고, 그래서 어떻게든 없애야 한다고 적혀 있다. 이것은 "만약 당신이 좋은 사람, 성숙한 사람이 되고 싶다면, 고통을 겪어야만 한다"고 하는 모든 전통과 종교적인 이데올로기, 도덕가에 대한 반동 때문이다. 그러나 나는 그렇게 생각하지 않는다. 나는 우리가 건너야만 하는 시련 - 그것이 대단히 중요한 시련이라면 - 은 아픈 일임을 인정했으면 좋겠다. 나는 고통은 우리가 건너가는 시련의 경험을 표시한다고 말한다. 그래서 나는 시련의 고통을 통과해야만 우리가 성숙이라고 말하는 일종의 변화와 조정이 주체에게 제대로 일어난다고 생각한다.

여기 고통을 정의하기 전에 설명해야 하는 전제들이 있다. 여러분은 내 강연을 통해 고통의 개념이나 관념이 언제나 심리와 신체의 경계에서 생김 - 그래서 고통을 명확히 하기가 어렵다 - 을 알았다. 그 경계는 곧, 심리현상의 정상적인 기능과 병리적인 기능 사이, 자아와 외부 세계 사이, 자아와 타자 사이의 경계이다. 요컨대 고통은 경계현상, 경계감정이다. 여기서 내가 말하고 싶은 것은, 모든 감정들 중에서 고통이 가장 파악하기 어려운 것이면서 또한 우리 자아의 정상적인 기능의 가장 끝 -

경계 - 에 있는 감정이라는 점이다.

또 다른 전제가 있다. 여러분은 내가 말하는 마음과 사랑의 고통, 생리적이고 신체적인 고통을 알고 있을 것이다. 나는 현실적으로 아무런 차이가 없는 마음의 고통과 몸의 고통이 어떻게 다른지를 밝혔다. 이 두 고통은 차이가 없다. 왜냐하면 고통은 혼합된 현상이기 때문이다. 우리가 세계보건기구가 정의한 고통을 되풀이하면, 의사들은 당황할 수도 있다. 의학적으로 고통을 다루는 사람들이 심리학자가 만들어 놓았을 법한 정의를 사용하고 있기 때문이다. 놀라운 일이다. 그들은 반복해서 고통이 주관적인 현상, 경험으로 체험되는 것이라고 한다. 그들도 감정적이고 주관적인 요소가 주요하다는 논리를 개입시키지 않고서 몸의 고통을 말할 수 없다는 것을 알고 있다. 그러나 분석의 관점에서, 몸의 고통을 마음의 고통과 아주 가까운 것이 되게 하는 보다 중요한 이유가 있다. 그래서 만약 당신이 내게 고통에 대한 정신분석의 이론이 무엇인지를 묻는다면, 나는 프로이트가 발전시킨 것을 살펴볼 것이다. 그러나 프로이트가 심리적인 고통에 관해서 써놓았던 것을 읽을 때, 우리는 놀랍게도 그가 신체적 고통의 이론을 세우기 위해 사용했던 것과 정확하게 같은 모델을 취하고 있음을 확인한다.

심리적 고통에 대한 분석에서의 개념은 20세기 초에 정신분석으로 본 신체적 고통 개념에 덧댄 개념이다. 프로이트에게는 생리적이고 육체적인 고통에 대한 이론이 있다. 그리고 바로 거기에서 우리는 프랑수와즈 돌토의 몸의 이미지를 발견할 것이다. 심리적 고통에 대한 주제를 심화하기 위해서, 나는 잠시 그 주제에 관한 연구를 접어두고 의사와 학자들이 우리에게 의학과 생물학, 생화학적 관점에서 말하는 고통을 살펴볼 필요가 있다고 생각했다. 나는 생물학과 신경생물학의 관점에서 보는 고통에 대한 현재의 이해가 육체적인 고통에 대한 프로이트 학파의 이해와 모순되지 않는다고 단정 짓는다. 물론 나는 그것이 똑같다고는 하지 않겠지만, 프로이트는 이미 우리가 첨단이라고 부를 수 있는 일련의 사고들을 제시했다. 일례로 그는 고통에 개입하는 화학분자가 있다는 가정을 했다. 현대를 사는 우리가 아픈 감각이 아주 특별한 화학분자들의 전달 결과로 알고 있는 것을 1895년의 프로이트는 이미 알고 있었다. 놀라운 일이다. 프로이트 당시의 다른 학자들도 말했을 수 있겠지만, 우리는 그 말을 신체적 고통이 무엇인가를 이해하는 프로이트의 시도였던 1895년의 저작들 속에서 만날 수 있다. 그런데 젊은 신경학자였던 프로이트가 발전시켰던 이 이론이 훗날 신체의 고통이 심리적 고통을 설명하는데 사용된다. 이렇게 신체의 고통과 심리적 고통 간의 차이를 밝히면서, 그는 고통에 관한 정신분석이론을 세우게 된다. 이런 점에서 나는 프랑수와즈 돌토의 몸의 무의식적 이미지를 이해하는데 도움이 될 프로이트의 『금지, 증상, 불안 Inhibition, symptôme et angoisse』의 끝 부분을 읽어볼 것을 권한다. 프로이트의 많은 책과 마찬가지로 이 책도 약간 복잡하다. 그가 책을 연구하는 와중에 썼기 때문에, 우리는 선구자 프로이트의 좌충우돌 시행착오를 따라가며 읽어야 한다. 이 책 말미에 추가된 세 가지 중 하나에 신체의 고통과 심리적인 고통을 구분하고 있다. 나는 '구분하고 있다'고 했지만, 둘 사이의 비교를 말하고 있다고 하는 것이 더 정확해 보인다.

마지막으로 중요하고도 일반적인 전제가 있다. 내가 만약 심리적 고통이 배치한 전체 모습을 규명해야 한다면, 세 범주의 고통을 들 수 있다. 근본적으로 고통은 감정의 스펙트럼 안에 있는 감정^{affect}이다. 사랑과 미움, 열정, 죄의식, 질투, 그 다음이 고통이다. 그리고 그 뒤에는? 광기^{folie}이고, 그리고 나서 정신증^{psychose}이다. 여기서 내가 말하고자 하는 것은 고통의 이론적 사유와 함께 임상적인 표시이다. 만약 당신이 내가 앞에서 이야기 했던 불임여성과 같은 환자를 본다면, 그 여자는 자신이 미쳐가고 있다는 생각을 했다는 점, 그리고 일정 기간 동안만 그랬다는 점을 기억해두자. 극도로 아픈 순간에 있는 환자에게 간혹 찾아오는 것은 환각^{hallucination}이다. 이것은 그 고통이 경계감정$^{affect-limite}$임을 말하고 있다.

두 번째 범주는 증상^{symptôme}으로서의 고통이다. 육체의 고통이든 마음의 고통이든, 전통적인 방식으로 말해서, 고통은 무의식의 갈등, 무의식의 힘을 외적으로 느낄 수 있도록 뚜렷하게 표현한 것이다. 그래서 고통은 일반적으로 갈등의 표현이다. 나는 경험을 통해, 고통은 무의식적 욕동의 표현이라고 단정 짓는다. 우리가 면담에서 만나는 환자가 육체로 표현된 고통을 보여주는 일은 아주 흔하다. 만성 두통은 가장 전형적인 예이다. 많은 의사를 찾아갔지만, 아무도 그가 어떤 이유로 그렇게 되었는지를 찾아내지 못했다. 그러나 잘 살펴보면, 환자는 감정적인 요인과 연결된 두통으로 인해 언제나 괴롭다. 현재의 감정맥락 속에 있기도 하고 과거의 감정맥락에 있기도 한 고통은 언제나 무의식적 갈등의 표현이다. 이것은 우리가 히스테리의 경우에서 찾아볼 수 있는 것에 상응한다. 프로이트 시대에 이 경우를 전환 히스테리라고 불렀다. 사실 분석적인 관점에서의 히스테리는 전환coversion이라고 볼 수 있다. 왜 전환일까? 그것은 프로이트가 그것을 불안 히스테리와 구분했기 때문이다. 그는 불안 히스테리는 공포를 가리키고, 전환 히스테리는 이해할 수 없는 신체적 어려움을 특징으로 하는 우리가 알고 있는 히스테리를 가리킨다고 설명하고 있다. 소위 전환 히스테리는 과도하게 실린 무의식의 긴장이 신체의 문제로 변형되기 때문이다. 무엇이 신체로 전환되었을까? 그것은 무의식적인 에너지의 무게이다. 요즈음 우리가 흔히 말하는 정신적인 고통의 신체화somatisation 대신, 프로이트는 전환한다고 했다. 나 역시 전환이라는 용어가 매우 유익하다고 본다. 왜냐하면 그 용어가 우리에게 우리 환자들과의 작업을 다른 방식으로 할 수 있게 해 주기 때문이다. 정신적인 고통의 신체화라고 말하면, 우리는 즉각 신체, 몸을 생각한다. 전환이라고 말하면, 그것이 나타나는 장소가 아닌 메커니즘을 생각한다. 그러면 우리는 증상으로서의 고통을 신체 안에서 환자가 겪고 느끼며 지각한 것이, 실은 그가 느끼지도 듣지도 보지도 이해하지도 못하는 갈등의 표현으로 생각하게 된다. 무의식의 갈등의 신체 표현인 전환의 고통 역시 심리적 고통의 발생과 같은 메커니즘에 따르고 있다. 예를 들면, 사람들은 어느 순간 이유를 알 수 없는 슬픔에 빠져있음을 느낄 수 있다. 그것은 우울증도, 병적인 애도도 아닌 이해하기 어려운 상태이다. 이런 상태를 보면 나는 보들레르(Baudelaire)의 염세적인 기분이나 권태와 같은 것이 떠오른다. 그리고 의학에서는 이런 부류의 고통 표현을 심인성 고통이라고 한다. 만약 당신이 수많은 고통을 설명하는 책 - 의학 도서관에 가서 이와 관련된 저술들을 열람하고, 내가 했던 것처럼 목차를 찾아보면 - 가운데 아무 책이라도 집어 들고 보면, 거기에는 예외 없이 '심인성 고통'이란 제목의 장이 있다. 의사들도 이유를 알 수 없는 신체적인 고통을 가진 환자들을 통해 그에 대한 임상적 현상을 알고 있는 까닭에, 그것에 대해 말하지 않을 수 없다. 그리고 정신분석가들은 고통들 가운데 심인성 고통을 증상symptôme이라고 한다. 그것은 무의식의 심리적 갈등이 신체로 나타나고 있기 때문이다. 프로이트의 아주 유명한 히스테리 사례인 도라의 경우를 살펴보기로 하자. 도라는 넓적다리가 아파서 고생하고 있다. 프로이트는 그것을 살펴보다가 아버지가 병에 걸렸을 때, 그녀의 넓적다리로 아버지의 머리를 받쳐주었다는 환자의 기억과 연관되어 있음을 알아냈다. 그때 도라는 아버지의 머리가 자신의 성기와 너무 가까이 있는 것이 부끄러워 쳐다보기가 거북스러웠다고 했다. 프로이트는 넓적다리가 아픈 것이 근친상간적인 갈등, 즉 아버지를 향한 근친상간적인 욕망이 신체에서 표현된 것뿐이라고 한다.

세 번째 범주의 고통, 그것은 성도착적 쾌락plaisir pervers의 대상과 목적으로서의 고통이다. 가학적이든지 피학적이든지, 성도착적인 쾌락을 주는 대상과 추구하는 대상이 고통이라는 의미의 목적, 바로 이 때문에 나는 성도착적 쾌락의 대상과 목적을 구분하지 않는다. 우리는 사디즘적이고 마조히즘적인 성도착적 쾌락이 지향하는 그 중심에 고통이 있다고 알고 있다. 이점을 나는 그냥 그렇게 놔둘 수 없다. 우리의 잘못된 견해와 상식에 깊이 뿌리박힌 선입견을 깨뜨리고 싶다. 알고 있는 것과 달리 사디스트가 추구하는 고통은 진짜 고통과는 전혀 상관없다. 성도착적인, 마조히즘적이거나 특히 사디즘적인 시나리오 속에서 예상하는 것은 겉모습 – 비명, 뒤틀린 모습, 감각들과 같은 – 을 통해 나타난 고통이다. 그러나 이것은 조금도 가슴 아픈 고통이 아니다. 거기에는 아픈 사람에게서 볼 수 있는 고통이 하나도 없다. 그것은 고통을 즐기는 아주 좋은 놀이, 실제로 하는 연극 같은 상태이다. 사디즘적이고 마조히즘적인 성도착증 환자를 통해 알게 된 것은 그들이 계약을 맺는다는 것이다. 그것은 다음과 같은 방식으로 이루어지는데, 불행하게도 이 세계는 이해하기가 꽤 까다롭다. 왜냐하면 거기에 참여해서 경험해보지 않고는 알 수 없는 세계이기 때문이다. 그 세계에 대한 지식은 단지 나를 찾아왔던 몇몇 환자와 비교적 정확하게 묘사된 책을 읽어서 알게 된 것이다. 다음은 그 계약이 이루어지는 방식이다. 먼저 사람들은 인터넷에 접속해서 사디즘의 경험, 사디즘 놀이, 사디즘적인 관계, 혹은 사도 – 마조히즘적인 관계에 참여하고 싶어 하는 사람을 찾는다. 카페에서 만날 약속을 하고, 만난다. "안녕하세요? 안녕하세요? 준비되셨지요? 네." 모든 것은 서류없이 이렇게 정리된다. 아파트 월세 계약처럼 공식적인 서면 계약이 아니다. 장소와 행위들에 대한 합의가 시작된다. 이러이러한 것들을 하게 될 것이라는 아주 분명하고 상세한 합의를 한다. 이것은 진짜 연출이고, 성도착자들은 진짜 감독이다. 그리고 그들은 심리적인 면에서 대개 초라하고 빈약한 사람이라는 점이 중요하다. 이것은 우리가 생각하고 있는 것과 정 반대이다. 우리는 성도착이란 단어에서, 우리를 비웃는 힘도 있고 영향력과 권력을 가진 남성을 떠올리는 그릇된 관념이 있다. 그러나 성도착에서 이런 것들은 하나도 눈에 띄지 않는다. 그들은 보잘것 없는 성적 능력의 존재들이다. 그들은 무능한 광대, 거의 모두 무능한 존재로, 대개 남자들은 조루나 발기불능의 병을 갖고 있다. 여기서 어떤 강한 이미지는 전혀 찾아보기 어렵다. 이렇게 성도착자들은 대단한 존재들이 아니다. 그들은 슬픈 사람들이다. 그 성도착적인 장면의 흥분 순간 말고는 아파도 너무 아프며, 존재감도 별로 없다. 임상적으로 성도착은 세 단계가 있다. 충동에 사로잡힌 흥분 상태가 있고, 성도착 행위 이후의 슬픈 상태가 있다. 사실 성도착의 경험은 대체로 울

림이 큰 실패로 이어지고, 혹시 실패가 아니라고 해도 성도착적인 사람은 슬프다. 마지막 세 번째 상태는 지루함, 사는 게 지루한 상태이다. 종종 이런 사람 가운데 지적인 사람이 있을 수 있다. 장인이나 벽돌공도 있지만, 교수나 정신노동자들도 만날 수 있다. 그리고 성도착증 환자들은 자신의 성도착증적 욕망을 연출하는 데 있어서 아주 특별한 능력과 재능이 있다. 이런 점에서 그들은 우리들보다 한 수 위에 있다. 이러한 특별한 능력을 지닌 그들은 어떤 사람은 상당히 능숙하게, 또 어떤 사람은 그보다 못할 수 있지만, 그래도 늘 시도하고 있는 진짜 감독이다. 환자는 "우리는 이것을 하려고 하고, 빛은 저쪽에, 그것을 이쪽으로 가져올 것입니다"는 식으로 말할 것이다. 그러나 면담을 하면서 여러 차례 들은 적 있는 노출증 환자들은 성도착증 환자와 다르게 말한다. "나는 수영장에 갑니다. 5시 반경이면 젊은 여자들이 나간다는 것을 알고 있죠. 그런데 이 수영장의 출구 바로 오른 쪽에 남자용 공중 화장실이 있습니다. 나는 5시 15분 정각에 그 자리에 있어야 합니다. 그리고 소변을 보는 것 같지만, 사실은 그런 척만 하고 있지요. 여자 아이들이 지나가는 순간, 그들의 시선을 사로잡아야만 합니다. 그렇게 되도록 모든 것을 계획하지요." 한편 이와 다른 성도착증인 사디즘이나 마조히즘에서, 중요한 것은 마조히스트는 절개를 하거나 치아를 뽑을 때 겪는 고통을 진짜로 겪고 있지는 않다는 것이다. 즉 그들은 그 고통을 온전히 느끼지 못한다는 것이다. 그들이 경험하고자 하는 것은 고통이지만, 그것을 경험하지는 못한다. 이는 그들의 고통이 진짜 고통과 연극 같은 고통이 뒤섞여 있기 때문이다. 그들은 울부짖는 소리와 찡그린 얼굴, 고통을 연상시키는 모든 행동들을 통해 아픈 척 하고 있다. 거기에는 고통이, 반론의 여지가 없는 아픈 감각이 있지만, 견딜만하다. 거기에 있는 것은 흉내놀이이다. 이 모든 것이 미리 완벽하게 계획되고 계약에 의해 미리 배치된다. 성도착에서는 계약이라는 기이한 일이 매우 중요하다. 이런 관점에서 『자허 – 마조흐Sacher-Masoch에 대한 소개: 모피를 입은 비너스』라는 제목의 유명한 책에서 질 들뢰즈Gilles Deleuze는 어떤 분석가도 하지 못했던 도착증의 시나리오를 분명하게 했다. 나는 그 점에 대해 많이 말해야 할 듯하다. 이것은 아주 흥미롭고, 나를 울부짖는 소리라는 아주 훌륭한 주제로 이끌어준다. 나는 소리를 고통을 흉내simulacre 내는 것이라고 말했다. 흉내 낸다는 것은 루크레티우스Lucrèce의 의미에서 그렇다. 루크레티우스는 흉내이론의 대가이다. 울부 짖는 소리가 고통을 가장하는 것이라고 생각하는 것은 아주 흥미롭다. 나는 당신이 이해할 수 있도록 이러한 전경을 보여주고 싶었다. 그리고 우리는 곧 최후의 감정으로서의 고통, 증상으로서의 고통, 성도착의 욕망의 목적과 대상으로서의 고통을 논의할 것이다.

이제 나는 우리가 보다 쉽게 심리적 고통에 대한 정신분석의 이론에 접근할 수 있도록 신체적 고통에 관한 분석이론을 설명할 것이다. 프로이트가 했던 것 - 이것은 프로이트에 대한 나의 이해로, 그것을 다르게 이해하는 분석가들이 있을 수 있다 - 처럼, 신체적 고통을 정의하기 위해서, 육체의 고통은 신체 자아의 방어 한계선 limite protectrice du moi 인 몸에 생긴 틈, 균열, 공격 effraction에서 시작된다는 점을 이해해야 한다. 그리고 화상과 같은 외적인 사고는 공격이 된다. 이러한 외적인 사고는 한계를 무너뜨리는 일이 되고, 이렇게 열린 틈으로 막대한 양의 에너지의 유입이라는 에너지 현상이 생긴다. 자아 한복판에서 소용돌이와 같은 홍수를 일으킬 막대한 에너지의 유입은 몸이 아니라 자아를 침수시킬 것이다. 이 에너지의 소용돌이는 자아의 심리 중심을 가득 채워서 휩쓸 것이다. 이것은 아주 미묘한 데가 있어서 부연 설명을 해 본다. 신체의 고통은 감정^{affect}이고 심리현상 중심 자체를 건드리는 막대한 에너지의 유입이 초래한 감각^{sensation}이다. 이 정의는 정확하지만 일반적이다. 만약 내 곁에 실제로 고통에 관해 연구하는 사람이 있다면, 그는 내게 이렇게 말할 것이다. "이것은 상당히 참신한 사고이지만, 그래도 우리가 했던 모든 것과 마찬가지로 이것 역시 대단히 일반적임을 인정하십시오"라고. 이 일반적인 사고는 우리에게 깊이 생각해 보게 하고, 앞으로 나가게 해서, 심리적 고통에 관해 아무것도 모르는 연구자를 보다 복합적인 문제로 나아가게 할 것이다. 이 고통, 이 감각, 이것이 내가 덧붙이고 싶었던 뉘앙스로, 신체적 고통은 몸이 느낀 감각이 맞다. 그러나 그것은 무의식 - 심리현상의 중심 - 에 유입된 다량의 에너지가 일으킨 감각이라는 점이기도 하다. 프로이트는 이 심리현상의 중심부 자체를 건드리는 에너지를 기억 뉴런들이라고 한다. 다시 정확하게 결론을 내려 보자. 무엇인가가 내 심리현상 속에서 일어나기 때문에 나는 내 몸에서 고통을 느낀다. 내 심리현상 속에서 일어나는 것, 그것은 쇼크 상태, 다량의 에너지 유입이 자아 속에서 쇼크 상태를 만든다. 이 쇼크 상태가 정신분석에서 외상^{trauma}이라는 이름을 갖는다.

외상은 무엇인가? 나는 고통을 주제로 이야기를 이어나가고 싶어서, 이 자리에서 외상이론을 본격적으로 전개하지 않겠다. 다만 사람들이 외상이란 단어를 자주 사용함에도 불구하고, 그것의 의미를 잘 알지 못하기에 조금만 말해 본다. 외상은 몸에 대한 어떤 엄청난 충격, 혹은 소화 시킬 수 없는 요소나 존재가 있음을 의미한다. 그것은 매우 단순하다. 그것은 내가 소화하기에는 너무 대단한 자극이다. 손가락이 내는 정도의 소리와 감각은, 우리의 귀와 주의력, 심리현상과 잘 동화된다. 그러나 반대로 우리가 수용하기 어려운 폭탄의 폭발은 우리가 통합할 수도 소화할 수도 없는 소리이고 사건이다. 사람이 소화할 수 없는 엄청난 자극 상태를 우리는 외상이라고 한다. 이 때 외상상태가 된 것이 바로 자아이다. 왜냐하면 자아는 다량의 에너지 유입을 동화시키지도 누그러뜨리지도 그것과 타협하지도 못했기 때문이다. 조율과 동화, 통합의 사고는 프로이트의 저작 속에 언제나 등장하고, 모든 무의식이론은 이러한 우리의 자아와 타협할 수 없는 표상이나 에너지에 대한 사고에 근거한다. 질문이 생긴다. 그렇다면 무의식은 무엇인가? 나는 무의식을 우리 안에 있지만 우리와 양립할 수 없는 것이라고 답할 것이다. 프로이트는 양립할 수 없는 표상, 통합되지 않는 요인들에 관해 말한다. 만약 우리가 프로이트의 텍스트를 보면서 우리의 개인적인 경험을 생각한다면, 무의식은 우리가 그 중요성을 무시했던 무의식적인 행동들을 통해 표현된 것으로, 우리 안에 있는 낯선 어떤 것이고, 우리와 같이 살지만 결코 통합되지 못하는 우리 안에 자리 잡은 이방인과 같다. 우리는 무의식과 함께 살지만, 완벽하게 동화시키지 못한다. 메타심리학적 관점의 '자아와 이드^{Ca}'에서 우리는 그 '자아'이고, '이드'는 '자아'와 통합될 수 없다. 프로이트는 우리에게 통합될 수 없는 '자아' 속 '이드'에 관해 말한다. 이것이 외상을 입은^{traumatisé} '자아'의 상태이다. '자아'가 다량의 에너지 유입을 동화시키지 못한다는 것은 무슨 의미일까? 이런 상황에서 자아가 할 수 있는 것은 무엇일까? 다음과 같은 현상이 생길 것이다. 남아있는 힘이 거의 없는 '자아'는 에너지 유입을 줄이고 상처 자국을 작게 하게 위해, 공격에 대항한 일종의 방어 장벽을 만드는 것으로 이 에너지의 유입을 거부하려고 애쓸 것이다. 이런 자아의 방어적인 움직임을 역투여 contre–investissement 라고 한다. 자아는 무엇을 하려는 것일까? 만약 내가 자아가 하는 일을 말하면, 여러분은 평범하다고 생각할지 모른다. 상처를 핥으면서 스스로를 치료하는 동물들처럼, 공격을 막아서 에너지의 대량유입을 억제하고 멈추게 할 수 있도록 자가 치유를 시도한다. 이렇게 역투여는 일종의 자가 치유 autopansement 이다. 이제 여기에 다른 사항을 추가해야 한다. 우리 내면의 '자아' 안에 상처가 발생한 신체 장소에 대한 표상 – 마침내 우리는 몸의 무의식적 이미지에 다가선다 – 이 생긴다. 팔에 입은 화상을 예로 해서 생각해 보자. '자아'는 화상을 입은 팔의 이미지를 갖게 될 것이다. 자아는 상처를 가해서, 자극이 훼손시킨 신체 장소의 표상을 갖는다. 그 이미지, 신체적 표상 역시 감정의 과투여 surinvestissement 대상이 될 것이다. 내가 '역시'라고 말한 것은 '자아'가 공격을 막기 위해 상처의 가장자리에 과투여하는 행위를 했다는 것을 알고 있기 때문이다. 나는 이 집중된 보강을 '방어 장벽'이라고 한다. 지금 나는 상처를 입은 장소에 대한 심리적 표상이라는 '자아'가 실행하는 또 다른 과투여에 대해 이야기했다. 이것 역시 외상에 대한 방어로서 에너지의 흐름을 억제하고 쇼크 앞에서 냉정을 되찾는 방법, 곧 '자아의 자가 치유'의 개념이 된다는 점을 기억하기 바란다. 이 개념은 나중에 우리가 심리적인 고통을 설명하기 위해 사용하게 된다.

요컨대 신체적 고통은 무엇이라고 요약할 수 있을까? 그에 대한 두 가지 정의가 있다. 먼저, 신체적 고통은 공격을 지각한 '자아'가 갖는 감각이다. 이것은 초기의 모호한 정의이다. 사람들은 아프게 되면, 모두 습관적으로 상처가 아프다거나 살갗이 찢어져서 아프다는 듯이 말한다. 세계보건기구의 고통에 대한 정의도 조직의 손상을 말하고 있다. 고통은 조직의 손상이 야기하는 감각이다. 신체의 고통에 대한 두 번째 정의, 그것은 '자아'의 지각으로 인해 생겨난 감각이어서, 더 이상 손상이나 공격 때문이 아닌, 다량의 에너지 유입 때문에 생겨난 내부 충격이다. 따라서 나는 두 개의 정의를 제안한다. 먼저, 신체의 고통은 자신이 지각한 손상에 대한 감각이고, 그 다음은 그 손상이 일으킨 내적 동요, 이를테면 혼란과도 같이 이 손상의 결과들

effets를 지각하는 데서 오는 감각이다. 그러나 공격이나 쇼크, 충격, 혹은 내부체계의 이상, 외상 등에 대한 지각에서 비롯된 신체적 고통은 여전히 심리현상의 교란에 의해 야기된다 - 고대부터 이어져 내려온 이 말이, 어찌된 일인지 내게는 새롭게 보인다 - 는 점, 이 점이 중요하다. 얼마 전, 내가 이것을 설명했을 때, 강연이 끝난 다음 두 사람이 내게 와서 이렇게 말했다. "우리는 당신과 분석하고 싶습니다. 신체적 고통과 심리적 고통이 같은 것이라는 이야기를 이렇게 분명하게 말하는 사람은 처음 보았기 때문입니다." 그들은 심리학과는 아무런 관련이 없는 사람으로, 그들 중 한 사람이 덧붙였다. "나는 오래전부터 알고는 있었지만 어떻게 말해야 할지 몰랐습니다. 병원에 가면 나를 이해하지 못하는 의사는 신체적 고통과 심리적 고통은 서로 다른 것이라고 반박합니다. 그런데 오늘 처음으로 내가 맞았다는 것과 생리적인 내 몸의 고통이 심리적 고통과 정확하게 같은 것이라는 말을 들었습니다."

나는 이제 마음에서 나온 고통을 설명하는 나의 고통에 대한 이론에 접근하려고 한다. 실제로 마음에서 비롯된 psychogène 고통에 대한 설명 중 하나가 설명할 수 없는 고통, 즉 이렇다 할 기관 상의 원인이 없는 고통이다. 이 오래된 외상에서 온 고통은 프로이트가 말했던 적대적 대상의 출현에서 재발할 것이다. 말하자면 외부 동인이 일으켰던 강한 자극의 경우를 우리는 적대적 대상이라고 부르고, '자아'는 최초로 외상을 초래했던 이전의 적대적 대상의 이미지를 다시 만날 것이다. 신체 속 손상이 오래된 적대적인 대상의 이미지의 재출현을 가져온다고 하는 프로이트의 주장과 관련해서, 나는 외형적인 고통의 출현이 고통을 일깨울 수 있다고 생각할 수 있는지 궁금해진다. 복잡한 문제이다. 자, 나는 괴로우면, 소리 지른다. 그런데 내가 소리 지르면, 괴로워질까? 이것은 물음을 뒤바꾼 것이다. 소리 질러라, 그러면 당신은 괴로워질 것이다. 그런데 그렇지 않다. 그것은 종이 울리면 소화액 분비가 일어난다는 파블로브의 조건반사와 아주 가까운 문제이다. 내가 소리를 지르면, 고통이 생긴다. 첫째, 정말 고통이 생길까? 둘째 고통이 생긴다면, 그것은 외부 자극에 의해 최초로 생겨났었던 고통과 같은 성질의 것일까? 이것은 여전히 해결되지 않은 문제이다.

고통의 감정$^{douleur-affect}$과 관련해서, 감정을 잘 정의하기는 정말 어렵다. 감정은 시니피앙에 의해 되살아나게 된다는 꽤나 라캉 같은 프로이트의 감정에 대한 정의가 있다. 프로이트가 말하는 감정들^{émotions}은 언제나 언어의 질서에 속하는 자극들로 인해 되살아난다. 나는 미움의 작용을 많이 연구했다. 그래서 미움이나 사랑, 또는 다른 감정들에 대해 말할 때, 우리는 언제나 그것들을 받치고 있는 환상이나 그것들을 이야기하는 말, 그것들을 표현하는 행위, 아니면 그것들을 불러일으키는 몸짓들에 대해 말해야만 한다. 감정은 표현되기 위해서든 생겨나기 위해서든 언제나 그것을 표현하는 것과 관련이 있다. 순수한 감정은 없다. 그런 것은 존재하지 않는다. 이에 대해 프로이트는 『소묘$_{Esquisse}$』에서 적대적인 대상의 이미지는 외상의 상황을 만들어낼 수 있다는 것을 분명히 말한다. 라캉 식으로 표현하면, 이미지는 고통을 생기게 하는 시니피앙의 능력을 갖고 있다고 하겠다.

이제 나는 일련의 정의들을 내리는 시도로써 심리적 고통에 대한 설명을 진척시켜야 한다. 거기에는 대략 대 여섯 가지의 심리적 고통에 대한 정의가 있다. 내가 여러분에게 말할 수 있는 가장 최악의 것은 불화이다. 그것은 마치 그 자체로 완전히 연결된, 치밀하고 일관성 있는 어떤 사실 속에서 당신이 그것의 내면에 있는 힘줄을 끊어놓는 것 같다. 이렇게 심리적인 고통은 내면의 힘줄의 파열이고, 본능적이고 자연스럽게 함께 살도록 요구된 것의 분열이다.

프랑수아즈 돌토의 몸의 무의식적인 이미지 개념과 고통
La Douleur et le concept d'Image Inconciente du Corps de Françoise Dolto

∷

질문: 자아 조직의 아픈 분열에 대한 임상사례를 들어주실 수 있을까요?

나는 넘치는 의욕으로 도전 같았던 분석을 했지만, 내 손으로 입원시켜야 했던 정신증환자psychotique가 생각난다. 우리는 각자 가슴 뛰게 하는 도전과 소망이 있다. 내가 이 남성 환자를 만난 것은 2년 전이다. 그는 임상으로 보면 형성된 지 오래 된 정신증을 갖고 있었지만, 그럼에도 불구하고 그럭저럭 평형을 유지하며 살아가고 있었다. 그가 나를 찾아 온 것은 여러 가지 치료를 해 본 후였으나, 병원에 입원한 적은 없었다. 보통 그런 상황은 경계상태$^{état\ limite}$로 진단 할 수 있다. 정신증을 알지 못하는 임상의에게 이 상황은 경계상태일 수 있지만, 정신증을 알고 있는 임상의에게 이것은 청소년기 이후 재구성되어 상쇄하는데 성공한 정신질환이다. 이것은 내가 앞서 말했던 여성의 것과는 임상으로는 다른 양상이지만, 같은 심리적인 고통이다. 면담이 시작되어 서로 마주 대하면, 그는 내내 정신착란 같은^{déliroïde} 상태였고, 나는 늘 말도 안 되는^{délirant} 이야기를 듣고 있다는 느낌이 있었다. 그러나 그는 면담이 끝나면, 곧 아무런 모순 없이 생활도, 관계도, 자신의 일도 꾸려갔다. 면담만 시작되면, 그는 내게 이렇게 말했다. "나는 흐름을 잃었어요. 모두 빠져 나가요. 더 이상 어찌지 못하겠어요. 무엇인가 내 안에서 부서져 나가는 것을 느껴요. 그러나 뭐라고 말해야 할지, 어떻게 말해야 할지 모르겠습니다." 나 역시 그가 내게 "틈이 있어요"라고 말할 때, 그가 느꼈던 것을 느끼려 하면서 갖게 된 느낌을 전달하기가 어려웠다. 그의 말은 아주 인상적이었다. 왜냐하면 그 당시 내가 고통과 틈, 공격을 연구하는 중이었기 때문이다. 그는 내게 "틈이 벌어졌어요. 그러면 모든 게 빠져 나가요. 나의 생각이 빠져나가는데 나로서는 아무 것도 할 수 없어요"라고 말한다. 이것은 아이를 잃은 어머니의 고통과 같은 것이 아니다. 아이를 잃는 일, 더구나 그 아이를 얻기 위해 오랜 기간 애써서 얻은 아이를 잃는 일보다 더 무서운 것은 없기에 이 고통은 이해된다. 그러나 이 남성의 고통을 이해하기는 훨씬 어렵다. 그저 그가 아프다는 것만 알 수 있다. "끈을 잃었고, 틈이 벌어졌어요. 그 틈이 내 안에서 점점 더 깊어지더니 이젠 움푹 패였어요." 얼마나 인상적이던지! 더구나 나는 이미 정신증 환자와의 오랜 경험 속에서 대단히 까다로운 면담도 해본 적이 있었다. 나는 오랫동안 병원에서 일했으며, 거기서 많은 정신증 환자psychotiques와 조현증 환자schizophrène들을 만났다. 그런데 이토록 명료하게 또 상세하게 자신의 고통을 말하는 것을 듣기는 정말 처음이었다. 어쩌면 지금 내가 고통을 주제로 연구하고 있어서 나의 귀가 보다 예민해졌고, 그래서 더 잘 들었기 때문일지도 모른다. 이전이라면 나는 그렇게 알아차리지 못했을 수도 있다. 그는 내게 그를 분열시키는 찢어질 듯한 내면의 고통을 자신의 말로 이야기했다. 정신증에는 이런 상태의 고통, 즉 찢어질 듯한 상태의 고통이 있다. 물론 나는 고통이 경계의 감정, 광기를 막는 보호벽이라고 말했다. 그러나 광기에도 고통은 있다. 지금으로서 나의 답변은 이 환자의 경우와 아이를 잃은 어머니의 경우의 고통이 다르지 않다는 것이다. 고통은 언제나 가능한 것이 아니라는 나의 관점을 설명하기 위해, 나는 어떤 배경 속에서 주장해야만 했다. 따라서 나는 고통을 경계에 놓는다. 메타심리학적 관점에서, 고통은 경계의 감정$^{affect-limite}$이다. 그러나 어떤 순간, 주체는 정신착란을 일으킬^{délirer} 수 있고, 그와 동시에 착란 속에서 찢어질 듯한 고통을 겪고 있는 자신을 보고, 느낄 수 있다. 이런 관점에서 나는 광인^{狂人}이 자신이 광인인 것을 모른다는 생각에 동의하지 않는다. 그것은 광인은 때로 자신이 광인임을 알고 있기 때문이다. 그러나 절대로 모든 광인이 알고 있는 것도, 또 항상 알고 있는 것도 아니다. 그러나 모든 광인들은 어느 순간 꽤 오랫동안 아주 예민하게 자신이 광인임을 알고 있는 것은 사실이다. 이런 말이 그들이 착란 중에 자신이 착란 중에 있음과 끈을 놓쳤음을 알고 있다는 증거이다. "나는 끈을 놓쳤어요. 내게 틈이 벌어졌지만, 그것을 막기 위해 할 수 있는 것이 아무것도 없어요." 나는 물에 빠져 허우적거리는 사람을 보고 있는 느낌이었고, 어떻게 해야 할지 몰랐다. 다만 약을 먹게 하기 위해 정신과 의사에게 진찰을 받아볼 것을 권하는 것이 전부였다. 그는 거절했지만, 결국은 정신과 의사를 찾아가서 치료를 받았다. 그리고 최근에, 나는 그런 치료에도 불구하고 결국 그를 입원시켜야 했다. 치료는 우리가 의도치 않았던 한 사건 때문에 끝났다. 그 사건은 이러했다. 그는 무기를 사러 무기상에게 갔다. 그는 자살할 마음으로 자신을 알아보지 못하는 교외에 갔다. 어떤 수준의 정신착란에서, 사람들은 그것이 타인을 죽이는 것인지, 자신을 죽이는 것인지 모를 수 있다. 나는 다만 그가 무기를 구하려고 두 번이나 무기상을 찾아갔지만 사지는 않았다는 것만 알아냈다. 약을 복용하고 있음에도 불구하고 나는 그의 착란이 너무 심하다는 점, 체중이 4-5킬로 줄어서 너무 말랐다는 점 때문에 입원을 시키려고 했다. 그러나 입원을 원치 않았던 그를 나는 설득해야 했다. 그를 돌봐줄 사람이 아무도 없었기 때문이다. 그래서 나는 내 차로 그를 데려가서 생트-안느 병원에 입원시켰다.

이것은 정신증의 심리적 고통에 대한 예이다. 나는 정신증이 힘든 것은 고통이 그것의 가장 분명한 표현들 중 하나라는 점 때문이라고 말하고 싶다. 그리고 종종 그 고통은 어린이 정신증 환자의 것처럼 드러나지 않는다. 면담 중에 때로 불안해서 계속 움직이는 어린이 정신증 환자들은 전혀 듣지 않는다. 그들은 그냥 있거나 벽을 두드리기도 하지만 아파하는 것 같지 않다. 그들은 자신의 아프다고 소리 지르지 않지만, 커다란 고통으로 괴로워하고 있다. 우리는 노력을 통해 그들이 커다란 고통 속에 살고 있음을 알게 되었다. 자폐증은 심리적 고통이 가진 과민함에 영향을 받아서 신체적 고통을 느끼지 못하는 지각상실anesthésie을 경험한다. 그들의 자폐는 그 자신의 내면을 괴롭히는 고통을 드러내어 표현한 것일 뿐이다. 그러나 자폐는 심리적 고통을 있는 그대로 드러내지 않는 방식으로 표현한다. 그래서 그들의 표현에는 우리가 고통 속에 있다고 알고 있는 비명도, 불평도, 어떤 방어적인 반응이 없다. 다만 외부세계와 단절된 사람만 있을 뿐이다.

프랑수아즈 돌토의 몸의 무의식적인 이미지 개념과 고통
La Douleur et le concept d'Image Inconciente du Corps de Françoise Dolto

질문: 위 환자의 예는 때로 분석가가 자기 자리를 떠날 줄 알아야 한다는 것을 보여 줍니다

물론이다. 나는 그것을 의식하고 있다. 사람들은 분석가가 언제나 듣는 자리에 있으며, 언제든지 분석가라는 잘못된 생각을 가지고 있다. 내가 생각하는 아주 괜찮은 분석가는 그가 분석가여야 하는 순간과 "정신과로 가보세요" 라든가 "내가 보기에 일주일에 두 번 혹은 세 번 나와 만나는 게 좋겠네요" 라고 말할 수 있는 순간을 구분할 줄 아는 사람이다. 분석가는 지도자

일 때도 있고 교육자일 때도 있다. 사람들이 잘못 생각하는 것 중의 하나가 분석가는 하루 24시간 내내 분석가라는 생각이다. 분석가로서 나는 자기 아이와 심각한 문제를 가진 아버지와 면담할 때, 내가 만난 아이와 내 아이들에게서 배운 경험을 그에게 전하는 말을 하고, 아버지가 가진 문제에서 그를 이끌어낼 수 있는 말을 건네야 하는 순간이 온다. 그 때 나는 교육자가 된다. 한편, 병원에 갈 것을 설득해서 나의 차로 환자를 데려갔을 때처럼 인도자가 될 때도 있다. 그가 말했다. "만약 당신이 데려다주면 갈게요"라고. 나는 그에게 되물었다. "내가 데려다 주면 가는 거지요?" 그는 그렇다고 답했고, 나는 전화로 다른 환자들과의 면담일정을 모두 취소했다. 그리고 그 사람을 태우고 출발했다. 이 때 나는 인도자, 즉 시간을 관리하고 상황에 맞는 행동을 찾아내서 이끌어가는 행동을 하는 사람이 된다.

그러나 분석가가 이루어 낸 것이 아니라, 오늘 내가 한 것처럼 가르칠 때의 분석가가 하는 말과 관련해서 우리가 꼭 알아야만 하는 것에 관해 알려주고 싶다. 청중 앞에 있는 나는 지켜야 하는 사상과 구분해야 하는 도식들이 있기 때문에, 감히 분석가가 모든 기법을 적용할 수 있다고 말하지 못한다. 정신분석과 심리치료 사이의 차이에 관한 문제를 예로 들어보겠다. 가령 누군가 내게 "선생님, 정신분석과 심리치료의 차이에 대해 말해 주십시오"라고 하면, 나는 "전혀 다르지요"라고 답할 것이다. 그러나 치료행위 속의 나는 자연스럽게 아무런 구분 없이 수행하고 있다. 비록 내가 사람들이 심리치료가가 하는 일로 알려진 행동을 할 때조차도 나는 어디까지나 정신분석가이다. 청중 앞에서의 나는 방향과 이상을 견지하는 선생으로서의 말에 대한 책임이 있다는 뜻이다. 만약 누군가 우리에게 "뭐든지 다 해 보세요"라고 말했다면, 우리는 갈피를 잡지 못할 것이다. 내가 교육을 받던 초창기에 선생님이 내게 '정신분석과 심리치료는 확실히 다르다'고 했던 말이 생각난다. 이 말은 모든 젊은 치료가에게 그랬듯이, 나에게도 유익했고 중요했으며, 나를 보호해 주었다.

당연히 우리는 무엇을 하고 있는지 알아야만 한다. 우리가 가르칠 때 더욱 그렇다. 청중에게 말하는 사람은 책임이 있다. 그래서 나는 오랜 시간을 두고 나의 치료에 대해 말하는 방식을 배웠다. 한편으로 나는 내 앞에 있는 사람들에게 인간다움을 보여줄 필요가 있다. 그러면서, 청중들에게 주의를 기울여서 그들에게 말해야만 한다. 조심하자! 아무렇게나 할 수는 없다.

따라서 우리의 치료행위를 보증하는 역할에는 조건이 있다. 그것은 우리가 무엇을 하고 있는지 알고 있는 것이다. 내가 볼 때 이것은 유일한 조건이다. 이것은 내가 아들과의 심각한 어려움을 갖고 있는 환자에게 적절한 교육적인 방향, 즉 내가 개인적인 삶을 통해 만난 젊은 사람들 덕분에 알게 되었고, 또 내게 유용했던 방향을 제안할 때, 나의 역할은 교육자라는 것을 알고 있다는 의미이다. 이 순간의 나는 분석가의 입장이 아님을 의식하고 있다. 내가 정신증 환자의 이야기를 듣고 있을 때, 그래서 내가 이미지 속에서 그에게 심리적으로 아프게 하는 괴로움을 볼 때, 거기서 나는 분석가라는 것 또한 알고 있다.

프랑수아즈 돌토의 몸의 무의식적인 이미지 개념과 고통
La Douleur et le concept d'Image Inconciente du Corps de Françoise Dolto

∴

타자와의 손상된 관계로서 심리적인 고통

심리적인 고통, 그것은 자아에 의한 무단침입의 지각, 그러나 내부지각endoperception이고, 안쪽에서 일어난 내부충격의 지각이다. 그리고 당신은 둘 다 말할 수 있다. 이것은 손상에 대한, 손상이 일으킨 내부충격에 대한 '자아'의 지각 - 우리는 곧 왜 그런지 볼 것이다 - 이다. 그리고 이것은 신체적 고통과 같다. 그러나 공격, 즉 손상은 자아의 최후 방어선limite protectrice du moi이 아니라 타자와의 관계, 타자와의 연결에서 일어났다. 즉 공격은 자아의 최후 방어선이 아닌, 어떤 존재를 타자와 연결시키는 관계 수준에서 발생했다. 그래서 손상은 연결의 손상, 타자와의 연결의 손상이다. 타자와의 연결에 손상이 생길 때, 거기에는 외상, 즉 자아의 내부충격과 같은 현상이 있다. 심리적 고통은 무엇일까? 그것은 외부 방어선이 끊어져서가 아니라, 신체적 고통의 사례에서처럼 우리와 타자를 묶는 끈이 끊어진 데서 비롯된 내부충격 상태에 대한 자아의 지각이 가져온 감정이다.

이 정의는 내가 여러분에게 알려줬던 대 여섯 개의 정의 가운데 으뜸이다. 다른 정의들에서 이 정의에 이르기 위해, 나는 여러분에게 이 자아, 곧 그것을 침수시키는 다량의 에너지 난입 때문에 정신을 잃은 채 그 에너지를 통제하지 못하고 있는 이 외상을 입은 자아$^{moi\ traumatisé}$는 신체적 고통의 경우가 그랬던 것처럼 신체 장소의 무단침입이나 표상 위가 아니라, 사라진 타자의 심리적 표상 위에서 새롭게 에너지의 역류$^{contre-énergie}$, 즉 역투여$^{contre-investissement}$가 크게 자리 잡을 것이라고 했다. 그리고 이 역투여는 자아 속에 존재하고 있고 우리와 묶여있던 타자의 이미지를 맡게 될 것이다. 관계가 끊어질 때, 거기에는 다량의 에너지 유입이 있고, 내면의 충격이 있으며, 자아가 사랑하는 심리적 표상의 수준에서 자아의 방어적 움직임이 있다. 지금 제

프랑수아즈 돌토의 몸의 무의식적인 이미지 개념과 고통
La Douleur et le concept d'Image Inconciente du Corps de Françoise Dolto

기되는 문제는 다음과 같다. 왜 사랑하는 사람과의 정서적인 관계가 끊어지고, 그 관계가 끊어질 때 고통이 생길까? 어떻게, 왜 그것이 고통을 만들까? 고통은 사랑하는 존재를 다시 볼 수 없을 때 생기는 반응이다. 고통과 구분되는 불안은 사랑하는 존재의 상실에 대한 반응이 아니라, 사랑하는 존재를 잃는다는 위협과 사랑하는 존재를 잃는다는 위험성 앞에서의 반응이다. 불안은 나에게 가장 소중한 것을 잃게 된다는 위협에서 비롯된 정서거나 감정이다. 우리는 이것을 우리의 표현으로 바꿀 수 있겠다. 고통이 타자와의 연결이 끊어진 데서 온 내면의 충격을 자아가 지각해서 생긴 감정이라면, 불안은 단절이나 외상을 갖게 될 수 있다는 위협에서 생긴 감정이다. 여기서 잘 기억해 두어야만 하는 것, 그것은 외상에 앞서 불안이 생겨서, 그 불안으로 외상을 피한다는 점이다. 아주 일반적인 방식으로 말하면, 외상은 자신을 지켜주는 불안이 없을 때 일어난 상태이다. 불안은 아주 좋은 방어이다. 외상에 의한 신경증, 전쟁에 의한 신경증, 성폭행에 의한 신경증 등이 설명하고 있는 것은 공격당한 주체가 시간이 없어서 자신을 지키지도 못했을 뿐 아니라 불안을 느끼지도 못해서 미리 공격을 예견하지도 못했고, 완충

시키지도 못해서 나타난다는 점이다. 그래서 불안이 필요하다. 불안은 좋은 것이지만, 이런 측면에서 고통은 다르다. 불안은 있을 수 있는 위험을 염두에 두게 하면서 우리를 경계 상태에 있게 하는 감정이다. 이는 주체를 준비하게 하고 스스로를 지킬 수 있게 한다. 이것은 주체가 행위를 경험하면서 느끼는 고통과는 아주 다르다. 그리고 공포^{effroi}와도 크게 다르다. 고통과 불안, 공포는 서로 다르다. 공포는 주체가 외상을 겪고 있을 때 갑자기 나타나는 마비 상태면서, 고통에 상당히 가깝다. 그래서 나는 그것을 고통의 전조로 본다. 불안 속의 나는 공격을 예견하고 있다. 그러나 공포 속의 나는 공격에 사로잡혀서, 마비되고 굳어지고 깜짝 놀라서 뛰지도, 도망치지도 못하고 그 자리에 얼어붙었다. 공포 뒤에 오는 고통 속의 나는 아프고, 어딘가 정상이 아닌 쇼크 상태에서 아파하고 있다. 우리는 세 개의 순간 – 불안, 공포, 고통 – 을 이렇게 구분한다.

성폭행 – 그것도 아주 폭력적인 방식으로 – 을 당해서 나를 찾아왔던 여성 환자의 사례를 들여다 보자. 그 일이 있은 지 이미 1년의 시간이 흐른 뒤였기 때문에 나는 좀 놀랐다. 그녀는 회복된 이후에도 한동안 아팠다. 우리가 앞에서 말했던 아기를 잃은 여자 환자처럼, 인간은 다시 기력을 찾을 줄 알고, 또 생명이 있는 한 투쟁할 줄도 아는 능력이 있다. 그런데 다시 기력을 찾은 그녀가 하는 생각은 무엇일까? 그녀는 성폭행에 대해 생각하기 시작했고, 그 일에 대한 - 그녀가 당했던 것은 아닌 - 꿈을 꾼다. 그 다음 그녀가 성폭행에 대한 이야기를 할 때 분노하는 한 친구를 만난다. 거기에 성폭행 이야기의 재현 현상이 있다. 이는 프로이트가 말했던 전쟁 신경증 환자 névrose de guerre에게 있었던 바로 그것이다. 곁에서 폭탄이 터지는 순간 신체적 부상은 없었지만, 정신적 외상을 겪었던 군인이 전선을 떠나 집으로 돌아와서 매일 밤 폭탄이 바로 옆에서 폭발하는 꿈을 꾸기 시작하는 것은 어찌된 영문일까? 프로이트의 답변은 주체가 그 비극의 순간에 할 수 없었던 것을 하기 위해 외상장면으로 되돌아간다는 것이다.

이 환자에게 중요했던 것은 외상장면을 마음속에 다시 그려 볼 수 있다는 것이고, 그 때 하지 못했던 것을 해서, 불완전한 것에 무언가를 보완해보는 것이었다. 이것은 성폭행을 당한 여성으로서 그 순간으로 돌아가서 불안을 느끼고 싶어 하는 것을 보여준다. 외상의 모든 순간이 그런 것처럼, 기습당한 그녀도 불안을 느낄 수 없었다. 이미 말했듯이 외상은 우리가 통합할 수 없는 무지하게 큰 충격이다. 그리고 불안은 통합의 좋은 방법이다. 그래서 불안은 외부자인 타자와 우리 사이를 통합하는 좋은 중재자이다. 불안은 통합의 좋은 필터이기도 하다. 불안이 거기 없었기 때문에, 사람들은 불안해지기 위한 표상을 사용한다. 그러나 이야기하는 것으로는 충분하지 않다. 그것으로써 애도하기 위해, 외상을 나타내고, 그것을 지명해서 말하고 다루며 깊이 생각할 필요가 있다. 그렇게 외상에 대해 말하고 지명하고 나타내면서, 나는 불안해질 수 있다.

이렇게 하는 것만이 관계를 회복시키는 것은 아니다. 애도가 흥미로운 것은 개인적으로도 집단적으로도 우리와 관련되어 있기 때문이다. 나는 거기에 유사한 메커니즘이 있는 게 틀림없다고 생각한다. 애도는 깨진 관계를 땜질하는 작업이 아니다. 그것은 더 이상 거기 없는 것을 여기 있는 다른 것으로 정합상태이게 하는 작업이 아니다. 따라서 애도는 사라진 사람의 살

프랑수아즈 돌토의 몸의 무의식적인 이미지 개념과 고통
La Douleur et le concept d'Image Inconciente du Corps de Françoise Dolto

아있는 모습을 필요로 했던 이미지 없이도, 그의 이미지를 간직하고 소중히 여기는 것으로 이루어지는 작업이라고 말해야만 할 것이다. 이것은 아이를 잃었던 환자가 자기도 모르게 이어갔던 움직임이었다. 그녀는 사람들이 이렇게 말하는 것이 무서웠다. "다른 아이가 생기면 괜찮아질 거예요…" 그녀는 이런 식의 말에 상당히 예민했고, 그녀에게 이렇게 말하는 사람을 죽이고 싶다고 했다. 나는 그런 그녀를 완전히 이해했다… 우리는 누군가를 위로하기 원할 때, 이렇게 말하곤 한다. "괜찮아! 다른 아이가 생기면…"이라고. 그러나 이 말은 지금 네가 잃은 아이의 자리는 곧 다른 아이로 채워진다는 뜻이다. 그녀는 반발했다. "아니야! 난 아기가 내 안에 살아있기를 바래. 그냥 그대로 있으면 좋겠어." 내가 이해했던 바로는 그랬다. 그러던 어느 날, 사무실에 앉아서 그녀 말에 집중하다가, 불쑥 말이 튀어나왔다. "그렇군요. 만약 둘째가 태어난다면…" 그녀는 잠시 쉬었다가 말을 이었다. "둘째 아이, 둘째라는 말은 처음 들어요." 누군가에게 하는 말로서 더 없이 평범한 이 말이 정곡을 찔렀다! 그러나 이렇게 제대로 된 한마디 말을 찾는데 나는 7개월이 걸렸다. 그리고 나는 그 말이 정곡을 찔렀음을 그녀 덕분에 알게 되었다. 왜냐하면 나는 그 말을 알고 한 것이 아니었기 때문이다. 그녀가 말했다. "선생님은 처음으로 내게 둘째 아이라는 말을 해 주셨어요. 위로가 되었어요. 맞아요, 나는 이제 둘째 아이를 임신할 수 있을 것 같아요." 아주 특별했지만 너무 단순했다! 그러나 그 당시 이 일은 그렇게 간단한 것은 아니었다.

이것은 애도의 과정에 관한 것이다. 애도와 그 작업은 결국 우리 밖에서는 죽은 타자가 우리 안에서는 살아있음을 인정하는 것으로 되어있다. 단순하지만, 이런 글을 나는 어디서도 보지 못했다. 평범하지만, 그것을 말해야하고 전달해야 한다. 애도는 그가 여기 없다는 것, 그러나 내 안에 있다는 것, 이 두 가지를 동시에 아는 것이다. 나는 어제 아주 엄청난 사례를 갖게 되었다. 열 두 살의 어린 소녀인데, 학교 공포증이 있어서 새 학년이 된 이후 학교에 가지 않으려 하는 아이였다. 그녀는 학교를 바꿨고 초등학교를 졸업하고 중학교에 진학했다. 그런데 그 다음부터 학교 현관문을 통과하지 못했다. 이런 경우는 흔하다. 거기에 있는 것은 고통이 아니라 불안으로, 지배적인 감정이 불안이라는 말이다. 부모가 나를 만나러 와서 말했다. "우리가 정신과 의사에게 데려갔지만, 달라지지 않았어요. 정신분석가에게도 데려갔지만 여전히 그대로입니다. 그들은 그에게 약을 먹으라고 했어요." 나는 대답했다. "내가 무언가 할 수 있을 것 같습니다. 이런 경우를 여러 차례 경험해서 알고 있습니다. 아이와 함께 하는 일이라 시간이 필요합니다. 만약 그러고도 학교에 가지 않으려 한다면, 약을 먹어야 할 것입니다." 아나프라닐 Anafranil 이라고 공포증에 아주 좋은 약이 있다. 아나프라닐은 단순히 항 우울제만은 아니다. 그것은 심각한 강박증과 공포증에도 좋은 효과를 갖고 있다. 이 아이가 학교생활 자체를 잃어버릴 우려가 있기 때문에 참 어려운 상황이다. 어쨌든 아이와 작업하고, 또 어머니와 아버지를 따로 만났다. 그리고 그들에게는 소녀가 태어나기 전에 죽은 어린 아기가 있었다는 말을 듣게 되었다. 이런 상황에서 나는 너무 개입하지 않는다. 왜냐하면 그것은 내게 아이를 학교에 가도록 하는 양식에 영향을 미치는 것과 관련되어 있기 때문에 여전히 분석적이지만 '비분석적인' 일련의 방식들을 더 많이 쓰는 것 같아 보였기 때문이다. 나는 대체로 공포 증상을 보이는 아이의 문제를 해결하는데 많은 도움을 주었던 여러 조언들과 방법들을 건넸다. 내가 이 아이를 맡고난 다음, 그 아이는 조금씩 학교와 가까워졌고, 도서관까지는 들어갈 수 있게 되었다. 선생님을 만나러 운동장에도 갔다. 그렇게 조금씩 학교로 들어갔지만, 방학이 지나서, 모든 것을 다시 시작해야만 했다. 이런 경우 방학은 그 동안 이루어졌던 모든 것을 끊어버리기 때문에 참 난감하다. 11월의 방학도 처음으로 되돌려 놓았다. 그 이후 아이는 더 이상 현관문을 통과하려하지 않았다. 새로 시작할 수밖에 없었다. 부모가 너무 조바심을 냈기 때문에 나도 염려스러웠다. 그래서 12월 20일까지도 아이가 학교에 가지 않으면, 그때는 아나프라닐을 먹자고 설득했다. 그리고 아기의 죽음이 생각났다. 그래서 그 일에 관한 이야기를 시작했다. 2-3주가량 지나자, 소녀가 아기의 죽음에 관심을 갖고 있는 것이 보였다. 사람들이 아기를 어떻게 했는지, 어디에 묻었는지, 무슨 일 때문에 그렇게 되었는지를 물어 왔다. 면담이 이상하게 변해버렸다. 그때까지 나는 차로 데려가면 괜찮을까? 아침을 좀 일찍 먹으면 괜찮을까? 같은 별 효과도 없는 학교에 보낼 묘수를 찾고 있었다. 그래서 나는 남은 면담기간 동안 죽고 없는 오빠의 출생과 죽음의 문제에 전념하기 시작했다.

프랑수아즈 돌토의 몸의 무의식적인 이미지 개념과 고통
La Douleur et le concept d'Image Inconciente du Corps de Françoise Dolto

그리고 어제, 아주 확실한 방법이 나타났다. 나는 절반은 아이 혼자, 그리고 절반은 아버지나 어머니와 함께 아이를 만나고 있었다. 그렇게 나는 양쪽으로 작업하고 있었다. 그런데 어제, 나는 그 아버지에게 이런 말을 했다. "선생님, 아이가 좋아진 것 같지 않아요?" 내가 잊고 말하지 않은 게 있는데, 어제 열두 살 소녀는 내게 그녀가 태어나기 2년 전인 1980년으로 거슬러 올라가는 오빠의 사망진단서를 가져왔다. "이것이 오빠 사망진단서니?" 내가 물었다. "네, 잘 읽어 보세요." 소녀가 말했다. 나는 읽었다. 이 영리하고 지적이며 어여쁜 소녀가 학교 가는 데 대한 불안이 있다는 것을 상상할 수 없다. 그것을 읽고서, 아버지가 들어 올 때, 이런 말을 했다. "그랬구나. 그 아기가 너의 오빠 - 나는 그 아기를 너의 오빠라고 했다 - 이기 때문이지? 그래서 학교에 가고 싶지 않은 거지? 너는 지금 제일 먼저 태어난 맏이가 되고 싶지 않은 거야. 맏이는 오빠이고, 죽은 사람도 오빠이고, 사람들이 그렇게 인정해주기를 바라는 거야." 그녀는 공동묘지에 있는 오빠 무덤에 사람들이 오빠를 위한 작은 표지판을 만들어 줄 것을 요구했다. 그 아이는 죽은 사람이 오빠라는 것을 사람들이 인정하는 이런 일련의 일들을 원했다. 나는 형제의 죽음에 대한 이런 관심, 이런 재연이 놀라웠다. 어제 저녁에야 비로소 나는 그 아이의 불안의 문제가 가족의 첫째가 되었던 것으로부터 왔다는 것을 알아차렸다. "선생님이 무슨 말을 하는지 모르겠어요." 소녀는 말했고 나는 대답했다. "아주 간단해. 나는 군인인데, 무서운 거야. 누군가 내게 적진 가장 앞에서 싸워야 한다고 말하면, 더 무섭겠지. 아마도 나는 곱절은 더 무서울 거야. 그런데 누군가가 네 앞에 대장이 있다고 말해주면, 나는 덜 무섭겠지. 네가 내게, 아빠에게, 세상 사람들에게 말하고 싶은 것은, 너는 첫째가 아니라는 것이지. 제발 네게 맏이가 되라고 하지 말라는 것이야. 너는 지금 맏이가 아니고, 집에서 둘째라고 말하는 거야."

그랬다. 참 인상적이었다. 물론 나는 모든 해석은 무엇인가에 이름을 붙이는 것이라고 생각했고, 이 해석 - 이것이 해석이기 때문에 - 속에서 나는 '너의 오빠'라고 말했다. 이것은 내가 아기를 잃고 슬픔에 잠긴 어머니에게 '둘째 아가'를 말했던 것과 같다. 고심 끝에 나온 것이 아닌 이 같은 해석은 비록 그것을 알고 하지 못했더라도, 분석가가 할 수 있는 최고의 해석이다.

프랑수아즈 돌토의 몸의 무의식적인 이미지 개념과 고통
La Douleur et le concept d'Image Inconciente du Corps de Françoise Dolto

그러나 분석가가 그것에 의미를 주려면 재빨리 파악해야만 한다. 이것은 언제나 그에게 떠오른 말, 무의식에서 오는 말이다. 그래서 나는 이것을 이렇게 말한다. 분석가에게 해석이란 환자가 억압한 것이 분석가에게 재연된 것이다. 환자는 억압하고, 이 억압된 것이 분석가에게 찾아온다. 환자에게 이런 말을 했을 때, 나도 처음에는 어떤 말을 했는지 알지 못했다. 문장을 끝냈을 때, 나는 그 의미를 알아차렸다. 어제 저녁 어린 소녀와도 그런 해석의 일이 일어났던 것이다. 나는 잘 개입했다고 생각한다. 어제의 개입으로 학급에 들어가는 문제도 함께 해결되었다고 본다. 또한 오늘 아침, 분명 처음으로 그 소녀는 수업에 들어갔을 것이다. 어제 면담을 떠나는 그들이, 딸과 아버지가 기쁨으로 생기가 넘쳐 보였기 때문이다. 다음 주에 다시 만날 때, 아마도 그 문제도 해결되었을 것이다.

그러면 애도는 무엇일까? 그가 더 이상 우리와 함께 사는 사람이 아님을 잘 알고 있으면서도, 그 죽은 사람을 살아있는 사람으로 간직하는 것이다. 이러한 확인과 작업은 짧은 시간 안에 이루어지지 않는다. 이것은 시간과 작업이 필요한 애도작업이다. 어떤 작업일까? 그것은 매일 그는 여기 없지만, 내 안에 있다고 말하는 것이다. 이것이 의식(儀式)이라면 의식이다. 이 의식은 단지 여기 없는 그가 내 안에 있음을 확신케 하는 방법일 뿐이다. 묘지에 가는 의식, 그를 생각하는 의식, 말의 의식 등, 사라진 존재와 관련된 상징적인 모든 의식은 주체에게는 여기 없는 그 사람이 내 안에 있음을 말하기 위해 사용하는 방식이다. 우리가 방금 예로 들었던 것처럼 상실에는 오빠나 아들을 잃는 것과 같은 유형이 있는가 하면, 때로 미움이 뒤섞여서 분리되는 유형도 있다. 다툼이나 언쟁에서 가슴 아픈 미움이 뒤섞인 고통스러운 분리가 생긴다. 나는 자아에게 살아있는 근원이었던 사람을 타자로 간직해야 하는 더 힘든 분리에 대해 말해야 한다. 이것은 남편과 헤어진 여자의 경우인데, 그 여자가 내게 말했다. "선생님, 내가 헤어진 그 남자는 동성애자입니다. 동성애자가 된 것이지요. 내 아들이 아빠 집에서 주말을 보내러 간다는데 어떻게 해야 할까요?" 내가 답한다. "참 어렵군요. 그러나 그 남자에 대해 아이에게 잘 말해주셨으면 합니다. 비록 그가 범죄자였다고 해도, 아이에게 아빠에 대해 말해주기 위해 장점 세 개 정도 찾아보세요." 그 아이는 그와 함께 있지 않는아버지에 대한 표상을 가지고, 그것을 마음에 품을 필요가 있다. 왜냐하면 아버지에 대해 남아있는 이미지도 역시 에너지원이기 때문이다. 그것은 아이가 성장하는 것과 나르시스적인 힘을 찾는 것을 돕는다. 비록 아버지가 도착증이거나 범죄자라 하더라도, 어머니가 미워함에도 불구하고, 우리는 이 이미지를 간직하는 것이 아주 중요하다고 본다. 나는 어머니에게는 당신을 배반했던 그 남자에 대한 이미지를 간직하라고 말하지 하지 않는다. 그러나 세월이 흘러서 그녀가 자기 인생의 한 부분이었던 사람으로서, 비록 이런 저런 이유로 비록 배반으로 끝나긴 했지만 자기 인생에서 가치를 지닌 사람으로서 그 남자를 떠올릴 수 있기를 바란다. 이것은 극복하기 가장 힘든 일 중 하나이다. 내가 이 자리에서 그를 언급하듯이 말하는 것조차도 그녀에게는 저항과 주저함이 일어날 수 있다. 그러나 이것은 그저 그 여자가 그 남자와 결혼을 한 것도 우연이 아니고, 그 여자가 그 남자와 함께 아이를 가졌던 일 역시 우연이 아니라는 점을 인정하는 문제이다. 그들이 함께 아이를 가졌다면, 그것은 그 남자가 그 여자의 인생에서 아주 중요한 가치를 지녔기 때문이다. 그녀가 그에 대한 어떤 것을 되찾는 것은 아이를 위해서도 - 아이에게 그것은 너무 중요하다 - 그녀를 위해서도 매우 유익하다. 나는 그녀가 그를 이해할 힘이 없기 때문에 그런 말은 하지 않겠지만, 은연중에 그런 조언을 할 것이다. 그리고 같은 종류의 일에 내게 일어난다고 해도, 시간이 흘러서 나의 심리현상이 그것을 내게 허락할 때가 오면, 내가 그토록 강렬한 애착을 가졌던, 그리고 나를 배반했던 그 사람의 나와 관련된 어떤 것을 간직할 수 있도록, 나는 나에게도 그렇게 조언할 것이다. 그를 거부하면서 그에게서 나를 분리시킬 때, 내가 거부하는 것이 바로 나의 일부라는 것을 알고 있어야 한다. 바로 이런 생각이 어렵다. 나는 짧은 관계, 일시적인 관계가 아니라 아이를 잃었던 여자의 사례와 같이 강한 애착의 관계에 대해 말하고 있다. 나는 이 주제에 기품을 더하고 싶은지도 모르겠다. 그래서 이런저런 이유로 미워하게 된 사랑했던 사람의 상실과 함께 이루어내야만 하는 것도 바로 애도작업이라는 것을 말하고 싶은지도 모르겠다. 미움은 애도를 하지 않는 다른 방식이다. 미움이 있는 한, 애도는 없다. 어떤 사람이 미움이나 원한을 수 년 동안 가지고 있다면, 그것은 애도작업이 없기 때문이다. 그의 일부가 완벽하게 이 사건에서 헤어나지 못하고 있기 때문에, 그는 환자가 되고 어려움을 가진 사람이 된다. 미움에 갇혀 있는 많은 환자가 우리를 만나러 온다. 애도작업은 현재 그 사람이 여기 없기도 하고 있기도 함을 확인하는 행위이다. 우리는 있기도 한 사람을 우리의 내면에서 부양해야만 한다. 왜냐하면 그 사람이 에너지원이기 때문이다. 이 애도작업은 우리가 다시는 못 볼 사랑하는 모든 존재들을 위해서, 그리고 험한 방식으로 그 관계가 끊어졌을지라도 함께 아이를 가졌던 아주 가까운 관계였던 모든 사람들을 위해서 가치 있는 일이다.

나는 여기서 몸의 무의식적 이미지가 내 몸의 이미지가 아니라는 것을 기억한다. 만약 내가 아이에게 가족을 그려보라고 하면, 그는 종종 자신을 빼고 그리는 일이 있다. 몸의 무의식적 이미지는 종이 위에 자기 자신을 그린 그림이 아니다. 때로 몸의 무의식적 이미지는 종이 위에 그린 아이의 이미지로 표현된다. 그러나 가족 구성원 전체를 묘사한 것 속에 몸의 무의식적 이미지는 더 잘 나타난다. 말하자면 몸의 무의식적 이미지는 단순히 자기 자신만 그린 그림보다 가족의 묘사에서 더욱 잘 나타난다. 프랑수와즈 돌토에 따르면, 우리가 그림이나 거울 속에서 우리 자신에 대해 갖고 있는 이미지가 몸의 무의식적 이미지의 마스크이게 되는 일 역시 있을 수 있다. 따라서 몸의 무의식적 이미지는 몸의 이미지도 아니고 나의 신체나 나란 사람에 대한 상상의 표현도 아니다. 이해하기가 아주 까다로운 몸의 무의식적 이미지를 적당하게 표현하는 방식을 찾은 나는, 그것은 일단 관계^{lien}라고 말한다. 그렇다. 그것은 관계이다. 프랑수와즈 돌토가 몸의 무의식적 이미지에 대한 여러 가지 특징을 말했기 때문에, 만약 여러분이 내게 그것의 가장 중요한 특징이 무엇이냐고 묻는다면, 나는 그것은 관계의 문제라고 말할 것이다. 말하자면 그 관계는 말^{parole}의 관계가 아니라 언어^{langage} 관계이다. 내가 여러분에게 말하고 있는 이 순간에 우리의 언어 관계는 나의 말이 아니다. 그것은 틀이며, 시간과 공간, 날짜이며, 행동, 내용, 정신분석 등이다. 언어를 형성하는 데는 여러 가지 요소가 있다. 프랑수와즈 돌토가 몸의 무의식적 이미지를 언어 관계라고 말할 때, 그것은 말만 관련된 것이 아님을 뜻한다. 말은 언어의 일부로, 그것은 말로 된 언어이다. 언어는 우리를 연결하는 공간, 시간, 장소, 목적과 우리를 배치하는 그 모든

프랑수아즈 돌토의 몸의 무의식적인 이미지 개념과 고통
La Douleur et le concept d'Image Inconciente du Corps de Françoise Dolto

것, 우리의 가치, 이상, 공통의 기호체계 등과 같이 그 모든 것이 된다. 돌토가 언어라고 한 관련성filiation을 잊지 말자. 지금 이 순간 돌토는 언어의 요소이다. 프로이트나 라캉이 우리를 재조립하는 것처럼, 이 방이 우리를 재조립하는 것처럼, 돌토도 우리를 재조립한다. 이것이 우리의 가치이다. 이 모든 것이 언어이다. 관련성에 연결된 우리의 가치, 바로 그 관계가 언어 관계이다. 따라서 나는 몸의 무의식적 이미지는 타자와의 언어 관계의 표현이라고 하겠다. 이것이 몸의 무의식적 이미지에 대한 정의이다. 타자와의 관계가 있다면, 여러 유형의 몸의 무의식적 이미지들이 있다.

결론적으로, 내가 심리적 고통이 타자와의 관계의 손상이라고 말할 때, 확실히 사람들은 몸의 무의식적 이미지에 있어서, 그것은 몸의 무의식적 이미지의 손상이라는 생각을 할 수 있다. 왜 아니겠는가? 나는 한 번도 그런 생각을 했던 적이 없었지만, 내게 그것은 완벽하게 모순 없이 앞뒤가 잘 맞아 보인다. 심리적 고통은 다른 에너지의 요인들이 가져온 결과와 함께 몸의 무의식적 이미지 속에 자리한 손상에 대한 자아의 지각 – 거기에는 반드시 자아에 대한, 자아에 의한 지각이 필요하다 - 이 일으킨 감정이라고 했다. 즉 이 여성이 내게 자기 아이의 죽음에 대해 말할 때, 우리는 고통을 보고 느낀다. 이 고통은 무엇과 관련이 있을까? 그것은 오랫동안 얻기 위해 공들였던 결과인 살아있는 아이에 대한 표상과 죽은 아이에 대한 현실 사이에 있는 관계와 관련된다. 결국 타자와의 관계는 심리적 표상과 외부 표상 사이의 관계이다. 어느 쪽이든 긁히고, 그것이 현실로 연결되면, 부재가 된다. 이것이 극단의 현존과 부재 사이에서 고통을 만드는 번뇌이다.

프랑수아즈 돌토의 몸의 무의식적인 이미지 개념과 고통
La Douleur et le concept d'Image Inconciente du Corps de Françoise Dolto

감정의 비교표

고통	사랑하는 사람의 상실이나 그의 사랑의 상실, 혹은 나의 신체적 완전성의 상실, 나의 이미지의 완전성의 상실에 대한 반응이다.
질투	심리적 고통의 변이형이다. 이는 사랑하는 사람이 내게로 향했던 사랑을 라이벌에게로 방향을 바꾼다는 가정된 사랑의 상실에 대한 반응이다. 질투는 사랑하는 사람의 사랑, 즉 나의 나르시스적 이미지의 완전성을 잃어버렸다는 고통과 라이벌에 대한 미움, 그리고 나의 자리를 지키지 못했다는 데 대한 자책이 뒤섞인 감정이다.
불안	사랑하는 사람이나, 혹은 그의 사랑을 잃을 수 있다는 위협의 개연성에 대한 반응이다.
죄의식	불안의 변이형이다. 그것은 내가 저질렀거나 저지를 수도 있는 실재의, 혹은 상상의 잘못에 대한 벌 대신에, 사랑하는 사람이 그의 사랑을 내게서 거두어들인다는 위협에 대한 반응이다.
나르시시즘에 대한 모욕	내가 키우는 나 자신의 이미지에 가해진 상처이다.
미움	사랑하는 타자가 만든 내 이미지의 상처에 대한 반응이다. 미움은 타자의 이미지를 공격하기 위한 나의 모든 폭력성을 동원한다. 폭력성으로 상처받은 나 자신의 이미지를 복구하고 일관성을 갖게 한다. 따라서 나는 미워한다. 그러므로 나는 존재한다고 느낀다.

▦ 신체적 고통과 심리적 고통의 비교표

신체적 고통	심리적 고통 혹은 사랑의 고통	
	사랑하는 존재의 상실	신체적 완전성의 상실
• 손상은 몸 안에 있다. • 고통은 몸에서 잘못 느껴진 것이다. 실제로 아픈 감각은 뇌에서, 아픈 감정은 자아에서 이루어진다. • 고통은 우리의 외부에 있고 치료가능해 보인다. 그것은 일시적인 고통으로 나를 불편하게 한다.	• 손상 – 사랑하는 사람의 사라짐 – 은 외부세계 안에 잘못 위치를 정한다. 실제로 그것은 나의 가장 내밀한 감각이 사랑하는 타자의 것에서 쫓겨났던 그 지점에 자리 잡는다. 거기서 나의 내면의 이미지는 받침대였던 그 사람이 없어서 흔들리고, 그 지점에서 나의 **상징체계**는 우리 커플의 축이었던 리듬이 없어서 약해진다. 손상은 환상의 붕괴 안에 있다. • 고통은 우리에게 내적이고 절대적이어서 치유될 것 같지도 않고, 또 때로 불가피해 보인다. 내게 그것은 생명의 실체와도 같다.	• 우리는 우리 몸을 가장 소중한 타자를 사랑하는 것처럼 사랑한다. 다리를 절단하게 될 때, 가장 소중한 존재를 잃을 때와 똑같은 가혹한 고통을 느낀다. 이 때, 우리에게 정말로 필요한 것은 다리가 없는 새로운 몸을 사랑하기를 배우는 애도작업이다. • 몸에서 고통을 느끼는 손상은 절단 부분에 위치한다. 그러나 마음의 고통을 일으키는 것은 사랑하는 존재의 상실을 정의하는 것들과 비슷한 세 개의 다른 측면에 위치한다. **감각의 상실**(다리는 나의 아주 예민한 부분이다), **상상의 상실**(다리의 부재에 대한 상상은 나의 신체 이미지를 바꾼다), **상징의 상실**(심리체계는 내 몸의 완전성에 대한 주요한 기준 중 하나를 잃는다).

사랑과 고통 관련
프로이트와 라캉의 문장들

프로이트와 라캉은 고통에 관한 주제를 중요하게 다룬 적도, 또 그것만을 따로 연구한 적도 없다. 다음의 인용문은 그들 저작들 여기저기에 흩어져 있는 것을 모은 아주 짧은 관련 문장들이다.

소제목과 인용문을 소개하는 굵은 글자체로 된 해설은 저자 J.-D. 나지오의 것이다.

심리적 고통에 대해서

프로이트에게 고통은 심리적 에너지의 갑작스러운 내출혈이다

"어떤 열망은 심리현상 속에 실현되고 이웃한 자극량을 흡인하는 효과를 갖는다. 연합된 뉴런들은 그들의 자극, 즉 고통이 만들어 낸 것을 버려야만 한다. 연합의 해체는 언제나 힘겨운 일이다. 자극이 적어지는 것은 […] 내출혈과 약간 비슷한 방식으로 이루어진다. 열망의 과정들은 금지를 유도하고 고통과 비슷한 상처의 효과를 갖는다. […] 거기에는 역시 [빨아들이는] 구멍처럼 흘러가는 자극 현상의 빈곤화가 있다."[1] 프로이트

"우울감mélancolie은 […] 심리적인 억제로서 욕동의 빈곤화가 동반된다. 고통은 거기에 있다."[2] 프로이트

"우울감 증후군은 모든 집착 에너지를 그를 향해 끌어 들여서 완전하게 메마르게 되기까지 자아를 비우는 아물지 않는 상처처럼 움직인다."[3] 프로이트

사랑과 고통 관련 프로이트와 라캉의 문장들
Extraits des œuvres de Freud et Lacan sur la Douleur d'aimer

사랑에 빠지면 우리는 고통에 노출될 수밖에 없다

"선택된 사랑의 대상에 의존적인 [상태에 있는], […] 그가 우리를 무시하거나, 혹은 배신하거나, 죽음 때문에 우리 곁을 떠난다면, 우리는 가장 큰 [고통을] 겪는다."[4) 프로이트

사랑하는 사람의 사랑을 잃는 것은 나의 정신현상 조직의 중심에 있던 것을 잃는 것과 같다

"만일 [사랑하는 사람이] 그가 의존하고 있는 타자의 사랑을 잃는다면, 그는 모든 위험에 노출된다."[5) 프로이트

○

애도와 애도의 고통

우리는 우리와 환상을 공유했던 사람을 애도한다. 우리는 그의 행복과 불행의 근원이었고, 그 사람 역시 우리의 기쁨과 쓰라린 아픔의 근원이었다

"[우리 곁을 떠난 사랑하는] 대상이 많은 관계들을 통해 자아에게 견고해진 중요성이 없다면, 그가 떠나도 애도하지 않는다."[6] 프로이트

"우리도 모르는 사이에 우리의 애도 대상은 우리를 거세시켰던 사람, 그리고 그것을 버티게 해주었던 사람이었다."[7] 라캉

"우리는 "나는 그를 그리워했다"고 말할 수 있는 어떤 사람을 애도한다. 우리는 잘해 주었거나 잘못해 주었던 사람을 애도하고, 우리가 이 기능을 그를 그리워하는 것으로 채울 수밖에 없는 사람을 애도한다."[8] 라캉

애도란 무엇일까? 애도는 사랑하지만 우리 곁을 떠난 대상의 심리적 표상에 대한 감정적 집착을 철회하는 것이다. 애도는 사랑을 벗어나는 과정이다. 이 작업은 그것은 느리고 세밀하며 고통스럽다. 그것은 몇 주 동안 혹은 몇 달까지도 지속될 수 있다. 어쩌면 전 생애에 걸쳐서 할지도 모른다.

사랑과 고통 관련 프로이트와 라캉의 문장들
Extraits des œuvres de Freud et Lacan sur la Douleur d'aimer

"그 일은 […] 금세 완성될 수 없다. 실제로, 그것은 투입된 에너지와 시간 소비로써 세밀하게 완성된다."9) 프로이트

"대상과 연결되었던 리비도의 기억들과 소망들 각각은 과투여의 작업에 착수한다. 그리고 거기서 리비도는 제대로 분리된다."10) 프로이트

애도의 고통은 이해할 수 없는 현상이 된다. 애도는 이제는 거기 없는 우리가 너무도 사랑했던 사람과의 강요된 격리이고 고통이다. 우리는 밖에서 잃어버렸던 사람을 안에서 분리시켜야만 했다.

당사자가 아닌 우리는 사랑했거나 감탄했던 것을 잃는 것과 관련된 애도를 너무 쉽게 그게 그런 거라고 단정 짓는 것 같다. 그러나 […] 애도는 아주 어려운 수수께끼이다.

우리는 리비도라는 사랑의 능력을 어느 정도 가졌다고 생각한다. […] 그것은 […] 우리가 자아 근처에서 우리가 취한 내

195

부의 대상을 향해 간다. 대상들이 파괴되었거나 우리 곁을 떠나갔다면, 우리의 사랑의 능력(리비도)은 도로 할 일이 없어진다. […] 그러나 대상과 리비도의 분리가 왜 그토록 아픈 과정이어야 하는지, 우리는 그것도 이해할 수 없다. […] 우리가 알고 있는 것은 다만 리비도는 대상에 집착하고, 그를 떠난 대상들을 포기하고 싶어 하지 않는다는 것이다. […] 이것이 애도이다."11) 프로이트

애도는 이제는 없는 사랑하는 사람에 매달리는 우리의 사랑과 그 집착에서 우리를 떨어뜨리려는 힘 사이의 끊임없는 싸움이다

"우리가 애도의 끝에 이르지 못하는 것은, 아마도 그것이 진짜 무의식적 사랑이기 때문일지도 모른다."12) 프로이트

애도를 하면서, 자아는 이제는 떠나고 없는 사랑하는 사람의 이미지에 동일시된다. 즉 대상의 그늘이 자아를 덮쳤다. 더 이상 없는 그 사람처럼 되는 것이 사랑의 존재양식이다.

사랑과 고통 관련 프로이트와 라캉의 문장들
Extraits des œuvres de Freud et Lacan sur la Douleur d'aimer

"사람들이 사랑하는 존재를 잃게 될 때, 가장 자연스러운 반응이 그 사람과 동일시되는 것, 다시 말해서 안에서 그를 계승하는 것이다."[13] 프로이트

○

심리적 고통은 이제는 없는 사랑하는 사람의
정신적인 표상에 과잉 집착하는 것으로 설명된다

"신체적 고통에서 심리적 고통으로의 이행은 나르시스적인 집착[신체의 손상된 부분의 표상에 대한 집착]에서 [이제는 없는 사랑하는 사람에 대한 집착]으로의 변화에 해당한다."[14] 프로이트

○

애도의 고통에는 사랑과 미움이 뒤섞인다

애도 속에는 고통뿐만 아니라, 죽은 사람에 대한 미움과 그런 마음에 대한 죄의식도 있다.

"살아있는 사람들이 우리가 '강박적 비난'이라는, 그래서 사랑하는 사람의 죽음이 […] 확인된 사유 때문이 아니라 자신들의 경솔함 때문은 아닌지를 자문하는 가슴 아픈 의심에 사로잡히는 일은 흔하다. 이것은 애도 중인 사람이 실제로 친족의 죽음에 책임이 있거나 그에게 실수를 했기 때문에 강박적인 비난을 하게 된다는 의미는 아니다. 이런 비난이 있는 것은 아주 간단한 이유에서이다. 그것은 만일 그가 죽게 할 수만 있었다면, 그렇게 했을 수도 있었다는 무의식의 [살해] 욕망을 친족의 죽음이 충족시켜주었기 때문이다."[15] 프로이트

"신경증 환자만이 강박적 비난 발작으로 가까운 사람을 잃게 된 이유가 자신들에게 있다는 고통에 휩싸인다. 그리고 거기서 정신분석은 과거의 양면적인 감정의 [사랑-미움] 흔적들을 발견한다."[16] 프로이트

우울감과 같이, 애도는 무의식의 무대 속으로 넘겨진 이제는 떠나고 없는 사랑하는 사람의 이미지에 대한 끈질긴 사랑과 그것을 뒤흔드는 미움 사이의 전쟁이다. 우울감과 달리, 애도 속

의 전쟁은 의식에서 느낄 수 있다.

"우울감 속에서 리비도를 대상에서 떨어뜨리려는 미움과 리비도를 그 위치에 머물게 하려는 사랑이 서로 다투는 많은 독특한 전쟁이, 이제는 떠나고 없는 대상들 주변에서 시작된다 […]. 이 독특한 전쟁은 무의식의 체계에서 벌어진다. […] 애도 속에서도 떨어뜨리려는 시도들은 활약한다. 그러나 여기, 무의식의 왕국에서 이 과정들은 정상적인 길을 통해 전의식에서 의식에까지 아무런 방해도 받지 않고 널리 퍼진다."[17] 프로이트

심리학은 소중한 존재의 죽음 이후 우리가 슬픔만이 아니라 미움을 느끼는 것이 어떻게 가능한가를 이해하려는 욕망에서 태어났다.

"이것은 지적인 수수께끼도 죽음에 대한 특별한 사례도 아니다. 그러나 이것은 인간의 탐구정신이 탄생시켰던 사랑했지만 미워했고 낯설었던 사람의 죽음에서 느껴진 감정적인 갈등이다. 이러한 감정의 갈등에서 심리학의 초기 자리가 나왔다."[18] 프로이트

○

죽음의 욕동은 애도 속에서 일하고 있다

우리는 애도 중에 고인과 우리를 떨어지도록 종용한 힘이 우리가 알고 있는 그대로 죽음의 욕동의 표현들 중 하나로 본다. 사실 우리는 죽음의 욕동이 우리에게 생명의 움직임에 있는 모든 족쇄에서 벗어나도록 하는 내부의 힘이라고 전제한다. 죽음의 욕동은 생명을 보존한다. 따라서 애도는 이제는 떠나고 없는 사랑하는 사람과 분리되고 자아의 생명력을 복원하는 느린 과정이다.

"애도는 더 이상 존재하지 않기 때문에 그 대상에서 분리되어야 한다고 단호하게 요구하는 현실 검증의 영향으로 나타난다. [고통스러운 애도] 작업은 이러한 철수를 실행하는 것이다."[19]
프로이트

"애도는 대상을 죽었다고 선언하면서, 과소평가하고 격하시키면서, 이를테면 그를 완전히 내리치면서 자아에게 [떠나간] 대

상을 포기하도록 이끈다."[20] 프로이트

"[애도에서] 죽은 대상의 무의식적인 표상에 대한 리비도의 철수는 순간적으로 완성되는 과정이 아니다. 그것은 긴 시간을 두고 조금씩 이루어지는 과정이다."[21] 프로이트

○

궁극적인 고통은 무한 주이상스일 수 있다

고통은 불만족이 아니다. 그것은 오히려 측정범위 밖의 만족에 넘겨진 것이다. 억압으로 억제된 욕동이 얻은 불만족은, 검열이 막지 못한 욕동이 얻을 수도 있을 절대만족보다 덜 고통스럽다. 억압의 검열이 없다면, 우리는 무한 주이상스의 궁극적인 고통을 체험할 것이다. 따라서 억압은 존재를 파멸로 이끄는 불확실한 고통에서 우리를 보호한다. 이러한 프로이트 텍스트에 대한 해석은 라캉의 용어로는 이렇게 표현될 수 있다. 고통은 대타자^Autre 주이상스의 대상이다.

"[억압은] 확실히 괴로움을 막아준다. 이러한 억압의 방어 기능은 억제된 욕동들의 불만족의 괴로움이 억제되지 않은 욕동들의 불만족의 괴로움만큼 고통스럽게 느껴지지 않는다는 사실에서 알게 되었다."[22] 프로이트

○

아기와 불안, 그리고 고통

프로이트는 아기도 불안을 경험하고 고통을 느낀다고 한다. 어떤 상황에서, 젖먹이 아기는 어머니가 잠깐 자리에 없는 것과 완전히 떠난 것을 구분할 줄 몰라서 두 감정을 혼동해서 경험한다. 그는 시야 밖에 있는 것과 정말로 떠나고 없는 것을 혼동한다. 이 때, 아이는 불안과 고통이 뒤섞인 감정을 느낀다. 좀 더 커서 아이가 두 살 정도 되면, 잠정적 상실과 결정적 상실을 구분할 줄 알게 되고, 불안과 고통도 구분할 줄 안다

"의심의 여지없이 젖먹이 아기는 불안을 느낀다. 그러나 아기는 얼굴 표정과 우는 반응 등에서 고통도 느끼고 있다는 생각

을 하게 만든다. 나중에 구별하게 될 그러한 것들이 아기에게 쌓이고 있는 것 같다. 아직까지 아기는 잠깐의 부재 경험과 영속적인 상실 경험을 구분하지 못한다. 그래서 어머니가 시야에 없는 순간, 그는 마치 다시는 어머니를 못 보게 된 것처럼 행동한다. 마침내 어머니는 그렇게 사라졌다가 다시 나타나는 일이 예사라는 것을 배우기 위해서 그에게는 반복된 위로의 경험이 필요하다."[23] 프로이트

위험한 상황과 외상적 상황은 다르다. 위험은 불안을, 외상은 고통을 가져온다

"[아이가 잘못 이해한] 어머니의 부재를 경험한 상황은 그에게 위험한 상황은 아니지만 외상적인 상황일 수 있다. 그리고 만약 아기가 그 순간에 어머니가 꼭 필요하다는 욕구를 경험한다면, 그것은 외상적이다."[24] 프로이트

여성의 불안: 사랑하는 사람의 사랑을 잃는 것

여성의 환상 속에서 가장 값진 대상 - 남근 - 은 사랑하는 사람에게서 온 사랑이지, 사랑하는 사람 자체가 아니다. 따라서 여성 불안의 특징은 사랑을 잃고 버려진 자신을 보는 것에 대한 두려움이다.

"여성에게 […] 대상을 상실하는 상황이 주는 위험은 대단한 영향력을 가진다. 우리는 부재나 실재 상실의 경험이라는 불안의 조건에 감히 [사랑하는] 대상이 주는 사랑을 잃는 경험이 더 중요하다는 작은 수정을 한다."25) 프로이트

○

질투는 마음의 아픔이 변형된 것이다

질투는 내가 사랑하는 사람이 연적을 향해 돌아선다는 사랑의 상실을 가정한 반응이다. 질투는 사랑하는 사람의 사랑을 잃어버렸다는 데서 오는 고통, 나의 나르시스적 이미지의 완전성을

잃었다는 데서 오는 고통, 더 좋아하는 사람이 된 연적에 대한 미움, 사랑의 관계에서 자기 위치를 지킬 줄 몰랐던 자신을 향한 비난 등과 함께 변화하는 복합적인 감정이다.

"[질투가] 잃어버린 그 사람만의 사랑의 대상에 관련된 애도, 고통, 그리고 손상된 나르시시즘 […] 게다가 그 대상이 더 많이 좋아하는 사람이 된 연적을 향한 적개심, 사랑의 상실에 대한 책임을 자기 자신에게 돌리는 다소간의 자기비난이 가져온 것으로 이루어진 것을 보는 일은 쉽다."[26] 프로이트

○

고통을 즐기다

"우리는 고통의 감각이 다른 불쾌의 감각들처럼, 성적 흥분의 영역에 몰려와 쾌락상태를 가져온다고 하는 것을 받아들일만한 이유를 가지고 있다. 여기에 사람들이 고통의 불쾌를 승낙할 수 있는 이유가 있다. 일단 고통의 경험은 마조히스트의 목표가 된다. 그러나 고통을 가하는 사디스트의 목표도 역작용으

로 나타날 수 있다. 즉 타자들을 고통스럽게 하면서, 사디스트들은 괴로워하는 대상과의 동일시 속에서 마조히즘적인 방식으로 즐기고 있다. 당연히 두 경우 모두에서 사람들은 고통 자체가 아니라 그것이 동반하고 있는 성적인 흥분을 즐기고 있다. 고통을 즐긴다는 것은 원래는 마조히스트의 목표였겠지만, 근원적으로 사디스트들의 욕동의 목표도 고통을 즐기는 것이 될 수밖에 없다."[27] 프로이트

피부는 성도착의 고통이 생기는 성감대이다

"바라보고 보여주는 쾌락 속의 눈은 성감대에 해당한다. 이 경우 성적 욕동의 구성요소로 고통과 잔인함이 있기는 해도, 이 역할을 감당하는 것은 다름 아닌 피부이다."[28] 프로이트

"관찰을 통해 […] 프로이트는 사도-마조히스트의 기질적 실체는 반드시 피부의 표면이라는 생각에 동의할 수밖에 없다고 한다."[29] 프로이트

"루소Jean Jacques Rousseau의 『고백록』을 통해 모든 교육자들에게 엉덩이 표면의 고통스러운 자극이 잔인성의 수동적인 욕동[마조히즘]의 성욕을 일으키는 근원처럼 알려졌다."30) 프로이트

ㅇ

고통과 비명

비명은 무엇보다 현재의 고통을 표현한다. 그러나 그것은 지나간 아픔의 기억을 깨우기 위해, 그리고 우리를 괴롭게 하는 대상의 가혹한 성격을 부여하기 위해 소리를 지른 사람의 귀로 되돌아온다.

"따라서 [어머니가] 소리 지를 때, 주체는 자신이 질렀던 비명을 떠올려서 자신의 고통스러운 경험을 재 경험한다."31) 프로이트

"괴롭게 해서 소리 지르게 만드는 대상들(지각들)이 있다. […] 소리와 [괴롭게 하는] 지각의 연합은 대상에 대한 '적개심'을 증폭시킨다. […] 우리의 비명은 대상에게 그러한 성격 [적개

심]을 부여한다."32) 프로이트

○

존재의 고통

여기서 라캉은 욕망의 불만족과 고통을 같은 것으로 보고 그것을 "존재함의 고통$^{douleur\ d'exister}$"이라고 부른다. 라캉은 고통을 우리가 이 책에서 주장하는 것처럼, 갑작스런 상실에 대한 즉각적 반응이 아니라 살아있는 한 언제까지나 지속되는 상태로 본다. 고통을 반응으로 보는 것과 상태로 보는 이 두 관점은 서로 양립할 수 없는 것이 아니라, 완벽하게 보완적인 것이다

"우리에게 고통과의 깊은 연관성을 […] 이해하도록 하는 것은 만족 대비 욕망의 간격이다. 즉 욕망을 가두고 있는 경계에, 존재함의 고통이 있다."33) 라캉

존재함의 고통은 시니피앙, 반복, 거기다가 운명의 결정에 따라야하는 쓰라림이다

사랑과 고통 관련 프로이트와 라캉의 문장들
Extraits des œuvres de Freud et Lacan sur la Douleur d'aimer

"다른 방식으로 말해서 솟구치는 존재의 중심에 있는 새로운 존재, 존재를 위해 존재한다는 순수한 감각의 일종. […] 태생적으로 더 멀리 솟아올라야만 꺼질 수 있는 것으로 느껴지고 파악되는 존재, 그래서 견딜 수 없는 고통이 동반되는 존재."[34] 라캉

잇단 사건들의 결합과 연속 자체로 축소된 존재가 나를 지배하고 인도하는 것보다 더 견디기 힘든 것은 없다. 거기서 나의 살려고 하는 욕망은 흔들린다

"이 존재 자체 밖에 그에게 있는 것이 없을 때, 그래서 너무 심한 괴로움 속의 모든 것이 살려고 하는 욕망인 끈질긴 이 표현을 무너뜨리려고 할 때 경험하는 존재의 고통. […] 거기에는 존재의 최후 표현인 존재함의 고통 밖에 없다."[35] 라캉

불쾌는 욕망이지 고통이 아니다

"그리고 느끼는 양식으로부터 우리는 어쩔 수 없이 불쾌가 있는 쾌락을 생각하게 되고, 우리가 고통이라고 부르는 것에서

순전한 불쾌, 곧 욕망을 경계 짓는 것, 불쾌와 쾌락이 함께 있는 상태에서 형성한 것을 계속 가려내고 있다. […] 이 표면[뫼비우스의 띠]이 교차점의 연장선상에서 반드시 자신을 가로지르게 되는 까닭에, 우리가 나르시스적인 애착의 경우, 논리적으로 다르게 말해서 고통의 기능을 설정하는 것은 바로 이 지점이다."[36)] 라캉

○

고통과 마조히즘

마조히즘은 대타자의 주이상스의 대상으로 환원되는 주이상스이다

"[…] 마조히스트가 갖는 주이상스의 절정은 이런저런 신체적인 고통을 스스로 감당해낸다는 사실에 있지 않다. 그것은 순수한 대상으로 자처하면서 주체를 무효화하는 마조히스트적 몽환fantasmagorie의 […] 극단적 독특성 속에 있다."[37)] 라캉

"실제로 마조히즘은 주체가 대상의 지위 - 우리가 주체의 즉위가 아닌 실추의 의미를 강조하는 - 를 받아들이는 사실로써 정확하게 정의된다."[38] 라캉

"엄밀한 의미의 사디즘은 어떤 식으로든 어느 정도 마조히즘적인 만족이 수반될 수밖에 없는 위치에 있다."[39] 라캉

발췌문의 참고문헌

1) Freud, "Manuscrit G", in *La Naissance de la psychanalyse*, PUF, 1991, p. 97.
2) *Ibid.*, p. 96.
3) Freud, "Deuil et mélancolie", in *Métapsychologie*, Gallimard, 1968, p. 162 (ⓒ Gallimard).
4) Freud, "Le malaise dans la culture", *Œuvres complètes*, PUF, t. XVIII, 1992, p. 288.
5) *Ibid.*, p. 311.
6) "Deuil et mélancolie", *op. cit.*, p. 167.
7) Lacan, *L'angoisse*, leçon du 16 janvier 1963.
8) *Ibid.*, leçon du 30 janvier 1963.
9) "Deuil et mélancolie", *op. cit.*, p. 148.
10) *Ibid.* leçon du 30 janvier 1963.
11) Freud, "Passagèreté", *Œuvres complètes*, PUF, t. XVIII, 1988, p. 23.
12) Freud, *Les premières psychanalystes*, Gallimard, 1983, t. IV, p. 139 (ⓒ Gallimard).
13) Freud, *Abrégé de psychanalyse*, PUF, 1985, p. 65.
14) Freud, "Inhibition, symptôme et angoisse", *Œuvres complètes*, PUF, t. XVII, 1992, p. 286.
15) Freud, *Totem et Tabou*, Payot, 1965, p. 168.
16) *Ibid.*, p. 104.
17) "Deuil et mélancolie", *op. cit.*, p. 96.
18) Freud, "Considérations actuelles sur la guerre et sur la mort", in *Essais de psychanalyse*, Payot, 1981, p. 32.
19) "Inhibition, symptôme et angoisse", *op. cit.*, p. 286.
20) "Deuil et mélancolie", *op. cit.*, p. 169-170.

21) *Ibid.* p. 167.
22) "Le malaise dans la culture", *op. cit.*, p. 266.
23) "Inhibition, symptôme et angoisse", *op. cit.*, p. 284.
24) *Ibid.*
25) *Ibid.* p. 258.
26) Freud, "De quelques mécanismes névrotiques dans la jalousie, la paranoïa et l'homosexualité", *Œuvres complètes*, PUF, t. XVI, 1991, p. 87.
27) "Pulsions et destin des pulsions", in *Métapsychologie*, *op. cit.*, p. 27-28.
28) Freud, *Trois essais sur la théorie sexuelle*, Gallimard, 1987, p. 85 (© Gallimard).
29) *Les Premières psychanalystes*, *op. cit.* p. 139.
30) *Trois Essais sur la théorie sexuelle*, *op. cit.* p. 122.
31) Freud, "Esquisse d'une psychologie scientifique", in *La Naissance de la psychanalyse*, PUF, 1991, p. 348.
32) *Ibid.* p. 377.
33) Lacan, *Les formations de l'inconscient*, leçon du 9 avril 1958.
34) Lacan, *Le Désir et son interprétation* (séminaire inédit), leçon du 10 décembre 1959.
35) *Ibid.*
36) Lacan, *Problèmes cruciaux de la psychanalyse* (séminaire inédit), leçon du 10 mars 1965.
37) Lacan, *L'Identiification* (séminaire inédit), leçon du 28 mars 1962.
38) Lacan, *La logique du fantasme* (séminaire inédit), leçon du 10 mars 1967.
39) Lacan, *Les Formations de l'inconscient*, leçon du 2 février 1958.

우리에게 프로이트와 라캉의 발췌문을 인용할 수 있도록 허락해 주신 출판사 여러분께 감사드립니다.

사랑과 고통 관련 문헌선(選)

프로이트 S. Freud

"Traitement psychique (Traitement d'âme)", in *Résultats, idées, problémes*, PUF, t. I, 1988, p. 7-8.

Études sur l'hystérie, PUF, 1990, p. 71, 132.

"Manuscrit G", in *La Naissance de la psychananalyse*, PUF, 1991, p. 96-97.

"Esquisse d'une psyhologie scientifique", in *ibid*, p. 327, 338-339, 348, 350, 352, 377 et 390.

L'Interprétation des rêves, PUF, 1987, p. 515.

Le Délire et les rêves dans la Gradiva de Jensen, Gallimard, 1986, p. 201.

Les Premiers Psychanalystes, minutes de la Société psychanalytique de Vienne, Gallimard, t. II, 1978, p. 439.

Totem et Tabou, Payot, 1965, p. 96-98 et 104.

"Pour introduire le narcissisme", in *La Vie sexuelle*, PUF, 1982, p. 88.

사랑과 고통 관련 문헌선(選)
Choix bibliographique sur la Douleur d'aimer

"Éphémère destinée", in *Résultats, idées, problèmes, op. cit.*, t. I, p. 235-236.

"Remémoration, répétition, perlaboration", in *La Technique psychanalytique*, PUF, 1985, p. 108.

"Deuil et mélancolie", in *Métapsychologie*, Gallimard, 1968, p. 147-149, 167 et 171.

"Complément métapsychologique à la théorie du rêve", in *ibid.*, p. 140.

"Considérations actuelles sur la guerre et sur la mort", in *Essais de psychanalyse*, Payot, 1981, p. 31-32.

Introduction à la psychanalyse, Payot, 1961, p. 373.

"Sur quelques mécanismes névrotiques dans la jalousie, la paranoïa et l'homosexualité", in *Névrose, psychose et perversion*, PUF, 1990, p. 271.

"Le moi et le ça", in *Essais de psychanalyse, op. cit.*, p. 238, 240-241.

"Inhibition et symptôme et angoisse", *Œvres complètes*, PUF, t. XVII, 1992, p. 9-10, 54, 57, 99-102.

Sigmund Freud, Ludzig Binszanger, *Correspondance*, 1908-1938, Calmann-Lévy, 1995, p. 280.

Malaise dans la civilisation, PUF, 1979, p. 9, 11, 22, 24-25, 52 et 66.

"Moïse, son peuple et la religion monothéiste", in *L'Homme Moïse et la religion monothéiste*, Gallimard, 1986, p. 192.

라캉 J. Lacan

"Intervention sur l'exposé de D. Lagache : deuil et mélancolie", Société psychanalytique de Paris, séance du 25 mai 1937, in *Revue française de psychanalyse*, 1938, t. X, n° 3, p. 564-565.

"Some reflections on the Ego", British Psycho-analysis Society (2 mai 1951), in *Le Coq Héron*, n° 78, p. 12.

Le Séminaire, Livre V, *Les Formations de l'inconscient*, leçon des 12 février 1958, 5 mars 1958, 16 avril 1958 et 23 avril 1958.

Le Séminaire, Livre VI, *Le Désir et son interprétation* (séminaire inédit), leçons des 10 décembre 1958 et 17 décembre 1958.

Le Séminaire, Livre VII, *L'Éthique de la psychanalyse*, Seuil, 1975, p. 73, 74, 97, 129, 280, 303.

Le Séminaire, Livre IX, *L'Identification*, (séminaire inédit), leçons du 28 mars 1962.

"Kant avec Sade", in *Écrits*, Seuil, 1966, p. 771, 777-778.

"Hommage fait à Margarite Duras, du *Ravissement de Lol V. Stein*", *Ornicar*, n° 34, juillet-septembre 1985, p. 12.

"La science et la vérité", in *Écrits*, *op. cit.*, p. 870.

"Psychanalyse et médecine", La Salpêtrière, 16 février 1966, in *Le Bloc-Notes de la psychanalyse*, 1987, n° 7, p. 2425.

Le Séminaire, Livre XIV, La Logique du fantasme (séminaire inédit), leçons du 14 juin 1967.

Le Séminaire, Livre XVII, *L'Envers de la psychanalyse*, Seuil, 1991, p. 89.

"La psychanalyse dans sa référence au rapport sexuel", in *Lacan in Italia, 1953-1978*, Milan, La Salamandra, 1978, p. 70.

Le Séminaire, Livre X, *L'Angoisse*, leçons des 28 novembre 1962, 16 janvier 1963, 30 janvier 1963 et 3 juillet 1963.

Télévision, Seuil, 1973, p. 37, 38, 39, 41.

그밖의 저자들

Alajouanine, Th. (sous direction de), *La Douleur et les douleurs*, Masson, 1957.

Berning, von D., "Sigmund Freuds Ansichten über die Entstehung und Bedeutung des Schmerwes", in *Zeitschrift Psychosomatische Medizin*, 1980, 26, 1-11.

Bowlby, J., *Attachement et Perte*, t. I, *L'Attachement*, PUF, 1992.

___, *Attachement et Perte*, t. II, *La Séparation, angoisse et colère*, PUF, 1994.

___, *Attachement et Perte*, t. III, *La Perte, tristesse et dépression*, PUF, 1984.

Besson, J.-M. *La douleur*, Odile Jacob, 1992.

Bonnet G., "La souffrance, moteur de l'analyse", in *Psychanalyse à l'université*, 1990, 15, 57, p. 75-93.

Brenot, P., *Les Mots de la douleur*, L'Esprit du temps, 1992.

Buytendijk, F. J. J., *De la douleur*, PUF, 1951.

Canguilhem, G., "Les conceptions de R. Leriche", in *Le Normal et le pathologique*, PUF, 1952, p. 52-60.

Char, R., "Recherche de la base et du sommet", in *Œvres complètes*, Gallimard, 1983, p. 768.

Damasio, A. R.,	*L'Erreur de Descartes*, Odile Jacob, 1995, p. 326-334.
Darwin, Ch.,	*L'Expression des émotions chez l'homme et chez les animaux*, Complexe, 1981.
Deuil (Le),	*Revue française de psychanalyse*, PUF, 1994.
Deutsch, H.,	"absence de douleur", in *La Psychanalyse des névroses et autres essais*, Payot, 1970, p. 194-202.
Dor, J.,	*Structure et perversion*, Denoël, 1987.
___,	*Douleurs et souffrance, Psychologie clinique*, 1990, n° 4.
Federn, P.,	*Le Moi et la psychose*, PUF, 1979, p. 273-285.
Funari, E. A.,	"Il problema del dolore e dell'angoscia nella teoria psicoanalitica", in *Rivista di psicoanalisi*, 1965, 12, 3, p. 267-288.
Gaddini, E.,	"Seminario sul dolore mentale", in *Rivista di psicoanalisi*, 1978, n° 3, p. 440-446.

Gauvain-Picard, A., et Meigner, M., *La douleur et l'enfant*, Calmann-Lévy, 1993.

Geberovich, F.,	*Une douleur irrésistible*, Interéditions, 1984.
Hegel, G.W.F.,	*La phénomelogie de l'esprit*, Aubier, 1941, t. I, p. 178.
___,	*Premières publications*, Orphys-GAP, 1964, p. 298.
Heidegger, M.,	*Acheminement vers la parole*, Gallimard, 1978, p. 64-68.

Kriss, J. J., "Le psychiatre devant la souffrance", in *Psychiatrie française*, 1992, vol. XXIII.

Laplanche, J., et Pontalis, J.-B., *Vocabulaire de la psychanalyse*, PUF, 1978, p. 112.

Leriche, R., *La Chirurgie de la douleur*, Masson, 1940.

Levy, G. (sous la direction de), *La Douleur, Archives contemporaines*, 1992.

Maine de Biran, *De l'aperception immédiate*, Vrin, 1963, p. 89-106.

Mazet, P., et Lebovici, S. (sous la direction de), *Mort subite du nourrisson : un deuil impossible*, PUF, 1996.

Melzack, R., et Wall, P., *Le Défi de la douleur*, Vigot, 1989.

Morris, B., *The Culture of Pain*, University of California Press, 1993.

Nasio, J.-D., *L'Hystérie ou l'enfant magnifique de la psychanalyse*, Payot, 1995, p. 116-120, 129-132, 137-144. 『히스테리, 불안을 욕망하는 사람』, 2017, 한동네.

Nietzsche, F., *La généalogie* de la moral, Gallimard, 1971.

Nunberg, G. H., *Principes de psychanalyse*, PUF, 1957, p. 214-219.

Pommier, G., *L'Exception féminine*, Aubier, 1996, p. 205-219.

Pontalis, J.-B., *Entre le rêve et la douleur*, Gallimard, 1990, p. 255-269.

Pribram, K. H., et Gill, M. M., *Le "Projet de psychologie scientifique" de Freud*, PUF, 1989, p. 59-65.

Queneau, P., et Ostermann, G.,	*Le Médecin, le patient et sa douleur*, Masson 1993.
Rilke, R. M.,	*Élégies de Duino*, Garnier-Flammarion, 1992, p. 93-101.
Sartre, J.-P.,	*L'Être et le Néant*, Gallimard, coll. "Tel", 1993, p. 379-387.
Schilder, P.,	"Notes on the psychopathology of pain in neuroses and psychoses", in P*sycho-Analysis Review*, 18, 1, 1931.
Schwob, M.,	*La Douleur*, Flammarion, 1994.
―,	"Souffrances", *Autrement*, février 1994, n° 142.
Spinoza, B. de,	"L'Éthique", *Œvres complètes*, Gallimard, 1954, p. 423-425, 526-527.
Steckel, W.,	*Technique de la psychothérapie analytique*, payot, 1950, p. 317-347.
Szasz, T.,	*Douleur et plaisir*, Payot, 1986.
Weiss, E.,	"Bodily pain and mental pain", in *The International Journal of Psycho-anaysis*, January 1934, vol. XV, part. I, 13.

221

주(註)

1) 우리가 겪었던 경험 - 설령 그것이 대단히 정확하다고 해도-에 대한 이야기는 어쩔 수 없이 허구, 그것을 쓴 사람이 만든 허구일 수밖에 없음을 떠올릴 필요가 있을까?

2) 우리가 이미 사용했고, 또 이후에도 자주 만났을 표현은 '욕동^{pulsion}'에 대한 것이다. 이 책에서, 우리는 '욕동'과 '욕망^{désir}'이 상응한다고 했다. 그들의 차이에도 불구하고, 우리는 이 두 개념을 그들의 본질적인 공통점-정확하게 모든 충동은 어쩔 수 없이 표현하고 해소하려는 경향을 가진다-을 고려해서 구분하지 않고 사용하는 편을 택한다.

3) 자아가 사랑하는 사람의 실재 상실을 보상하기 위해 과투여하는^{surinvestir} 것은 바로 상징의 표상들 중 하나-나는 그것을 지금은 '이미지'라고 했지만, 예전에는 '추억^{souvenir}' 또는 '잠재적 사본$^{double\ virtuel}$', '심리적 사본$^{double\ psychique}$'이라고 불렸다-임을 기억해두자. 라캉의 표현인 '상징의^{symbolique}'를 사용한 것과 관련해서는 이 점을 기억해 두자. 상징의 차원에는 항상 두 개의 인자가 포함되어 있다. 먼저 요소들의 연결망으로 '시니피앙들'이나 '무의식의 표상들'을 말한다. 그 다음 유일한 요소로, 연결망 주변에 위치해서 그것으로 경계를 이루면서 응집력^{cohesion}을 확보한다. 연결망의 응집력을 보장하는 이러한 경계의 요소에 라캉은 '절대자 아버지의 이름의 시니피앙$^{signifiant\ du\ Nom-du-Père}$'이라는 이름을 붙인다. 그런데 우리가 알고 있는 것처럼, 선택된 존재는 일종의 이중적인 상징적 존재 - 연결망으로서, '유일한 하나^{Un}'로서 - 를 가지고 있다. 어떤 사람이 우리의 무의식 속에서 다수의 무의식적 표상을 의미할 때, 그는 상징의 연결망이다. 그리고 그가 나의 심리현상의 일관성을 보장할 때, 절대자 아버지의 이름의 시니피앙인 연결망을 두르고 있는 경계이다. 우리는 잠시 후 이 경계의 기능이 우리들 각자의 욕망의 리듬들의 조화와 일치한다는 것을 알게 될 것이다. 그래서 타자의 몸이 사라지면, 내 욕망의 리듬은 우리의 결합을 조절하는 템포가 없어져서 엉망이 된다. 이렇게 사랑의 고통이 생긴다.

사랑은 왜 아플까?
사랑과 고통의 정신분석

초판 1쇄 발행 | 2017년 11월 13일

지은이 | 장-다비드 나지오
옮긴이 | 표원경

펴낸이 | 표원경
디자인 | Studio Miin 김민정
펴낸곳 | 한동네

주　소 | 14900, 경기도 시흥시 하우로 145번길 35
전　화 | 070-4159-1230　팩　스 | 031-311-1232
원고 접수 | cello-freesia@hanmail.net
출판 등록 | 2015년 4월 2일

ISBN 979-11-956010-5-9 (03180)

- 이 책의 한국어판 저작권은 신원 에이전시를 통해 저작권자와 독점 계약한 도서출판 한동네에 있습니다.
  저작권법에 의해 한국 내에서 보호를 받는 저작물이므로 인용이나 복사를 원하시는 분은 허락을 받으셔야 합니다.
- 파본이나 잘못된 책은 구입하신 곳에서 바꿔드립니다.

이 도서의 국립중앙도서관 출판예정도서목록(CIP)은 서지정보유통지원시스템 홈페이지(http://seoji.nl.go.kr)와 국가자료공동목록시스템(http://www.nl.go.kr/kolisnet)에서 이용하실 수 있습니다.(CIP제어번호: CIP2017027511)